30 dias – reflexões

Autor : Valter Luiz Burda Pereira

Capa : Gisele Milanez

Site: www.impassivelimpossivel.com.br

Facebook: @impassivelimpossivel.

Copyright©2021 Impassivel Impossivel

Email: valterburda@impassivelimpossivel.com.br

ISBN : 978-65-00-36864-2

Dados Internacionais de Catalogação na Publicação (CIP)

(Câmara Brasileira do Livro , SP , Brasil)

Pereira , Valter Luiz Burda

30 dias : reflexões / Valter Luiz Burda Pereira.

-- Curitiba , Pr : Ed. Do Autor , 2021

ISBN : 978-65-00-36864-2

1 . Bíblia – Ensinamentos   2 . Fé (Cristianismo)

3 . Deus (Cristianismo) – Adoração e Amor

4 . Literatura devocional 5 . Reflexões-Ensinamento

Bíblico 6 . Vida Cristã I . Título

21-95559   CDD-242

Índices para catálogo sistemático :

1 . Reflexões : Cristianismo   242

Eliete Marques da Silva – Bibliotecária – CRB- 8/9380

Sumário

AGRADECIMENTOS

Não posso deixar de registrar neste primeiro momento o meu sentimento de profunda Gratidão. De forma primordial a Deus que tem demonstrado o seu imenso e indescritível Amor por mim. Somente por sua Graça é que posso estar exercendo a liberdade de escrever estas linhas. Somente por sua Graça posso viver e desfrutar a dádiva de estar com a família que fui presenteado. Sim, a minha família é um presente que recebi de Deus. E a ela a minha imensa Gratidão. A minha esposa Rosicler , companheira de lutas e desafios , de alegrias e comemorações. Os meus filhos Aline , Rafael e Gisele , minha nora Carollinne , meu genro Fabiano , meus netos Giovanna , Mateus , Cauã , Emanuel e Santiago. Uma família que aprendeu a estar unida e aliançada, pois tem a certeza da importância da família, e de ela ser a parte mais importante nas soluções dos problemas diários. A todos vocês eu dedico este pequeno livro.

Em memória ao meu amiguinho Bernardo

INTRODUÇÃO

Desde que iniciei a atividade de escrever de uma forma mais constante, a pretensão que tinha em um primeiro momento, era externar aqueles sentimentos, pensamentos e opiniões que tinha dentro de mim. Junto a este impulso inicial, juntou-se o desejo de compartilhar um pouco daquilo que venho aprendendo ao passar dos anos. Somos seres que vivem em constante estado de aprendizado, pois somente desta forma é que somos impulsionados. O "saber" só é adquirido após o "aprender". Portanto tudo o que tenho escrito tem a função de levar o receptor do texto, a uma experiência de revisão interior. Uma busca da compreensão, através de um exercício individual das suas próprias vivências. Em absoluto quero impor a visão que tenho a respeito do momento em que nós como sociedade vivemos. Quero apenas deixar uma **"porta aberta"**. Desejo que tenha uma boa leitura.

DIA 1

O melhor Presente é o presente

"Graças ao grande amor do Senhor é que não somos consumidos, pois as suas misericórdias são inesgotáveis. Renovam-se cada manhã; grande é a tua fidelidade!" Lm. cap. 3 - vers. 22 e 23

Encontramos textualmente na Palavra de Deus: "É melhor dar do que receber" (At. cap. 20 - vers. 35) . Tomando por base esta verdade, não deveríamos de forma alguma alimentar o nosso desejo individual de receber um "presente". Por mais que queiramos disfarçar ou mascarar, ficamos extremamente satisfeitos ao receber um presente. Desde uma pequena lembrança, um carinhoso "mimo" , um simples brinde comercial , até os mais esperados , grandiosos e sonhados presentes dados por alguém que te ama muito. Apesar da diferença proporcional da surpresa e alegria, a resposta imediata do cérebro ao receber um presente é sempre a mesma.

Quando defrontamos a nossa "simples e insignificante" existência com a ilimitada grandeza de Deus, temos que admitir a completa e total impossibilidade de recebermos até mesmo apenas 1 minuto a mais de vida sequer. Por maior que seja o nosso esforço para nos fazermos agradáveis aos "seus olhos", não alcançaremos o seu favor. O texto do início é autoexplicativo, pois deixa claro que: "Graças ao grande amor do Senhor é que não somos consumidos". Ou seja, nada que façamos , poderá reverter a nossa situação perante a Deus, somos impotentes.

Na sequencia do versículo, vemos que somente pela "misericórdia inesgotável de Deus" é que somos alcançados. Esta é única possibilidade. Nos dias de hoje tornou-se usual tentarmos traduzir o termo **"misericórdia[1]"** pela palavra "empatia". Não há verdade nesta tentativa de comparação. A "empatia" é apenas uma atitude humana de tentar alcançar e compreender as pessoas que nos cercam. Já a "misericórdia[1]" abrange uma capacidade de entrega extremamente maior, pois além da atitude de se colocar no lugar do outro, o ato vem cheio compaixão, perdão, profundo e inesgotável Amor.

É neste momento que nos defrontamos com a maravilhosa Graça do Senhor, pois a sequencia final do versículo nos diz: " Renovam-se a cada manhã". Desta forma conseguimos vislumbrar, que através do Amor de Deus que é: Inesgotável, Incondicional, Misericordioso e Fiel, podemos sentir ao abrir os nossos olhos todas as manhãs, que somos satisfeitos diariamente em nosso desejo de sermos presenteados. A cada manhã devemos exercitar a felicidade de sermos "gratos". Gratos pela nossa vida, gratos pela nossa família, gratos pelo amor de Deus por nós. A Gratidão deve ser o sentimento mais cultivado pelo ser humano, pois ele está diretamente ligado a outro sentimento importante e essencial, o **Respeito**.

Podemos assim concluir que não existe um "Presente melhor que o presente". É a Palavra do Senhor que nos confirma.

[1]**Misericórdia** – Ver na página 85.

DIA 2

Sede meus imitadores

" Sede meus imitadores , como eu sou de Cristo" - 1Co. cap. 11 - vers. 1

Quanta coragem. Quanta confiança. Quanta fé. Quanta intimidade. Quanta ousadia. Quanto discernimento espiritual e intelectual. Somente com todos estes atributos alguém poderia proferir tal afirmação. O apostolo Paulo se torna referência para as gerações exatamente por estes motivos. Segurança total e absoluta a respeito da motivação que o movia. Descarte total das supérfluas e vãs vontades e desejos individuais. Tinha como certeza que o chamado de Deus para a Obra , não era para edificação pessoal , longe disto. "O chamado de Deus exige plena e total abnegação para o bem comum , para servir e não ser servido. O chamado da Deus para a Obra detona o desejo absoluto de **amar** o próximo , de **compreender** o próximo , de **aceitar** o próximo , de **acolher** o próximo. O chamado de Deus para a Obra transforma a sua vida em uma responsabilidade premente de corresponder a altura o chamado recebido. O chamado de Deus para a Obra cria um vínculo indissolúvel com Jesus Cristo".

Vivemos tempos em que tais afirmações bíblicas, passam a quilômetros de distância das premissas básicas em que foram escritas. Nossas lideranças infelizmente estão mais focadas em distorcer a Palavra em proveito próprio, sob o pretexto de proteção a Igreja. Esquecendo que estamos vivendo os tempos descritos na própria Palavra. Desta forma não possuem autoridade, coragem, intimidade e muito menos ousadia para dizer: "Sejam meus imitadores". O máximo que podem dizer é: "Somos todos pecadores".

O conforto e a acomodação perseguida pelo mundo , tornou-se o principal alvo da Igreja atual. Não estou pregando contra buscarmos o bem estar e felicidade de nossas famílias. Estou lembrando que como **cristãos**[2] (seguidores de Cristo na raiz da palavra) fazemos parte dos escolhidos e amados do Senhor , para vivermos dentro dos preceitos das verdades de Jesus Cristo. Poderia aqui listar dezenas de versículos em que Jesus na sua curta passagem junto aos homens ensinou e testemunhou esta verdade. Viveu uma vida totalmente dedicada aos: Carentes , abandonados , enfermos , pecadores , perseguidos , excluídos , pobres de alma e espírito. E em toda sua jornada , poucas foram as vezes em que Ele teve a sua disposição uma cama limpa e confortável , um teto e uma casa como abrigo , uma montaria para se deslocar , uma mesa farta e requintada para se deliciar.

Em virtude destes fatos é que Paulo possuía autoridade total de poder afirmar o que afirmou: "Sede meus imitadores" . Pois ao se converter o fez de forma profunda e definitiva , abandonando toda a sua vida e conhecimentos anteriores (*"a reputava como esterco" – Fp cap. 3 – vers. 8*). Desta forma passou a viver totalmente a Obra , ao chamado de Deus para a sua vida , enfrentando todas as dificuldades ao defender o nome de Jesus

Cristo. Como ele mesmo dizia a sua morte seria ganho , pois poderia enfim ter o privilégio de estar com Cristo.

O ponto chave desta conversão se encontra em Atos cap. 9 , vers. 17 e 18. Paulo após seu encontro com Jesus no caminho para Damasco perde totalmente sua visão. É levado a casa de um discípulo chamado Ananias e lá após orar conforme o Senhor tinha ordenado :*17 - "Então, Ananias foi e, entrando na casa, impôs sobre ele as mãos, declarando: "Irmão Saulo, o Senhor Jesus que lhe apareceu no caminho por onde vinhas, enviou-me a ti para que tornes a ver e fiques pleno do Espírito Santo!" 18 - "Imediatamente lhe caíram dos olhos algo parecido com umas escamas, e ele passou a ver de novo. Em seguida, levantando-se, foi batizado"*. Seus olhos foram libertos , como se escamas tivessem caído e todo seu corpo ficou pleno do Espirito Santo.

Olhos limpos e abertos para a Verdade e todo o corpo pleno do Espirito Santo. Este é o caminho para uma profunda e definitiva conversão.

[2]Cristãos – Ver na página 85.

DIA 3

Vamos a Beréia

"Ora , estes de Beréia eram mais nobres que os de Tessalônica ; pois receberam a palavra com toda a avidez , examinando as Escrituras todos os dias para ver se as coisas eram , de fato, assim" At. cap. 17 - vers. 11

Vivemos em um mundo globalizado , a tecnologia da informação nos expõem todos os acontecimentos rigorosamente no instante em que estão acontecendo , seja de dia ou seja de noite , em tempo real. As mídias utilizadas são as mais diversas e se apresentam das mais variadas formas. A necessidade de consumir toda esta informação se acelera de forma espantosa. O ser humano (pelo menos os de mais de 30 anos) de uma forma geral , já esqueceu que algum dia viveu sem este bombardeio diário de informação , a que estamos expostos. Receber uma carta com notícias ansiosamente esperadas , está fora de qualquer contexto , passou a ser algo inimaginável. O que importa é acessar , consumir , receber , visualizar e engolir informação , não importa muito o que é . Tá na "rede" , vai pra dentro (do cérebro , será ?).
O que está quantidade absurda de informação , seja ela de qualidade ou não , seja de importância ou não , seja construtiva ou não , está fazendo com as pessoas em redor do mundo. Que mundo é este que está sendo construído por nós. Sim por nós , pois somos partícipes , coadjuvantes e principalmente coniventes

com tudo isto. Como nossa voz está reverberando dentro desta "rede". O que estamos difundindo , espalhando , semeando.

Voltemos no tempo , a mais ou menos 2000 anos atrás. Estamos na Província romana da Macedônia , na cidade de Beréia (hoje Véria - Grécia) e Paulo , Silas e Timóteo estão em uma frenética e extraordinária viagem , passando por cidades e mais cidades , e espalhando de forma firme e vibrante a Palavra de Deus. Nesta viagem sem precedentes , vão a cada cidade ganhando adeptos e simpatizantes as centenas , porém muitos tornam-se inimigos e passam a persegui-los , pois as suas palavras iam de encontro principalmente com as normas , padrões e interesses dos grupos de influência destas cidades. Mesmo sem contar com a tecnologia de propagação de informação de nossos tempos , a fama de seus feitos os precedia , pois quando chegavam as cidades , todos sabiam quem eram eles : *" Estes que tem **alvoroçado**[3] o mundo chegaram também aqui"* *(At. 17:6)*. Naquela época as comunicações eram feitas por escrito e endereçadas aos governos e comandos através de um sistema de distribuição (o correio da época). A prioridade e agilidade da comunicação era proporcional a relevância e importância dos comunicados. A importância dada a Paulo e sua equipe , era tremenda , pois ele punha em risco toda uma estrutura consolidada.

O que nos leva a falar sobre a cidade de Beréia é o forma como receberam Paulo , Silas e Timóteo. Os acolheram na sinagoga , escutaram e absorveram com ávida atenção os ensinamentos passado por eles. Após as reuniões porém , eles buscavam nas escrituras se tudo aquilo que estava sendo exposto era verdadeiro e possuía uma base sólida. Todo questionamento nos leva a um crescimento. Sem o exercício da dúvida não chegamos à revelação da verdade. Sem o desejo de buscar o conhecimento pleno na palavra escrita , não estaremos completos espiritualmente. A profundidade e intensidade que nos aplicamos a busca-lo será o parâmetro balizador de nosso resultado.

Os tempos são distintos , as pessoas são diferentes , o ávido interesse em escutar e absorver porém é o mesmo. Enquanto hoje em dia recebemos toda e qualquer informação , sem ter o trabalho de confrontar , pesquisar , questionar , "correr atrás" da verdade , os cidadãos de Beréia absorviam com atenção tudo o que lhes era passado , mas tudo era "passado a limpo" , as dúvidas eram sanadas. Não estamos nem levando em consideração quem era o homem que estava apresentando estas novidades a este povo. Pois Paulo era reconhecido como um mestre da palavra , com autoridade e poder dados por Deus , para instruir os povos da Terra. Mesmo assim os bereanos , punham os ensinamentos recebidos a prova.

Ao mirarmos no exemplo dos homens de Beréia que buscavam a verdade , mesmo tendo Paulo como mestre , estaremos moldando nosso caráter cristão dentro do padrão de excelência que Cristo espera de todos nós. Portanto: "Vamos a Beréia".

[3] **Alvoroçado** – Ver na página 85.

DIA 4

Coisas maiores

"Digo-lhes a verdade: Aquele que crê em mim fará também as obras que tenho realizado. Fará coisas ainda maiores do que estas, porque eu estou indo para o Pai". João cap. 14 - vers. 12

O tom e a forma de falar de Jesus nos apontam a premência , a urgência que Ele imprimia nestes últimos momentos de ensinamento, nestes últimos momentos a sós com os discípulos , pois sabia o que estava por vir. No evangelho de João a partir do cap. 12 até o cap. 17 , vemos Jesus com seus amigos , aqueles que fizeram parte do breve ministério de Jesus no meio de nós , em um ambiente reservado , preparado especialmente para esta ocasião. Todos homens escolhidos por Ele mesmo , um a um , somando personalidades , casando temperamentos , ajustando pessoas diferentes dentro de um mesmo objetivo.

Estes homens conheciam a Jesus , sabiam quem Ele era. O seguiam , porém ainda tinham dúvidas. Aos nossos olhos , hoje em dia , parece simples julgar a falta de confiança dos discípulos. Mais para quem estava vivendo o momento , presenciando a história sendo escrita , tudo era diferente. É por este motivo que Jesus passa a ser enfático: *"Digo-lhes a verdade"* e *"Aquele que crê em mim"*. A intima comunhão e convivência de 03 anos e meio deveriam ser suficientes para saberem que tudo que lhes era mostrado e ensinado , era a Verdade encarnada. Como poderiam não "Crer"?

Para entender , basta nos colocarmos na condição homens normais, não espirituais. Pois estes mesmos homens ao serem revestidos pelo poder do Espirito Santo , passaram a ver , sentir , falar , pensar e agir , de forma totalmente diversa. O revestimento do Espirito Santo agiu de forma a abrir os "olhos do coração" , a "aumentar a percepção" , a "multiplicar a sensibilidade" , a "transforma-los em novas criaturas".

Todo este tempo dedicado por Jesus a seus discípulos , representa o fecho de seu ministério , mostra toda a essência da sua vontade e missão. São 06 capítulos que condensam de forma clara , potente e transparente a Verdade da sua Palavra. Era imperioso que os discípulos compreendessem , assimilassem e principalmente acreditassem , pois era o último momento a sós , eram os últimos ensinamentos. A partir daí , o sucesso da sua missão e a revelação desta Verdade , dependia somente destes homens. Poucos e falhos homens.

Mesmo sabendo destas limitações , Jesus falou: "Farão coisas ainda maiores do que estas". Apenas por um momento pensem, quantos milagres , maravilhas , pregações , lições , ensinamentos estes homens participaram , presenciaram , puderam ver com seus próprios olhos , face a face. É neste momento que vamos para o final do versículo , em que Jesus , fala: *" porque Eu estou indo para o Pai"*. Desta forma a promessa (João cap. 14 - vers. 16) estava sendo cumprida , o **Auxiliador**[4] , o Espirito da verdade estaria com eles para sempre.

O cumprimento da missão iniciada por Jesus , agora está em nossas mãos , os homens pequenos e falhos dos nossos tempos. Da mesma forma que aqueles homens a mais de 2000 anos atrás foram cheios e revestidos do Espirito Santo e passaram a fazer coisas ainda maiores , nós também podemos. Pregar a Salvação através do sacrifício de Jesus Cristo , na Cruz. Pois está foi a sua missão , foi para isto que veio até nós , para nos resgatar , para nos reconciliar com Deus. As coisas maiores a que Jesus se refere é exatamente está. Levar o homem perdido a "Salvação por Cristo Jesus'.

[4]**Auxiliador** – Ver na página 86.

$$\boxed{\textbf{DIA} \quad \textbf{5}}$$

O (Sub) Consciente

"Porém o SENHOR disse a Samuel : Não atentes para a sua aparência[5], nem para a sua altura , porque o rejeitei ; porque o SENHOR não vê como vê o homem . O homem vê o exterior , porém o SENHOR , o coração" . I Samuel 16:7

Apesar de termos extrema rejeição por ditaduras politicas e as rechaçarmos com profunda e verdadeira razão pelo que elas representam , e quão danosas são para a liberdade pessoal , de expressão e principalmente de opinião , não nos atentamos o quanto estamos presos a outras "ditaduras" que na maioria das vezes passam desapercebidas , e nos aprisionam de forma cruel e nociva.

O sistema de vida a que estamos presos *(Rm 12:2)* nos cauterizam de forma anestésica , pois não percebemos que em nosso caminhar diário estamos repetindo movimentos pré-estabelecidos , moldados e definidos por padrões aprovados e bem vistos por todos. São atitudes que tomamos sem sentir , são realizados de forma automática , pois foram adquiridos durante o nosso período de crescimento e desenvolvimento físico , mental e psicológico. Os estudos apontam que as características de personalidade são formadas nos primeiros 06 anos de vida , e partir daí muito pouco pode ser alterado. Todas as características a serem formadas estarão sujeitas então , a esses moldes , a essas rotinas , a essas regras.

O que podemos esperar então da formação de gerações que são formadas debaixo de conceitos muitas vezes equivocados e movidos por interesses corporativos ou pessoais. Desde tempos imemoriais gerações se sucedem , adquirindo o formato do período de tempo em que vivem e se desenvolvem. A medida de tempo para determinar as gerações , veio diminuindo a partir de momento que os avanços científicos e tecnológicos vieram se acelerando e dominando a mente do homem. No conceito bíblico uma geração era medida por 40 anos , no conceito familiar atual podemos medir uma geração por um período de 25 anos. No conceito tecnológico atual as gerações são medidas por um período de 10 anos apenas , devido a intensa e absurda corrida em direção a atualização , a novidades e lançamentos com intuitos apenas comerciais.

Independente de tudo isto e desligados da questão tempo , período e localização , o ser humano desenvolveu métodos próprios para viver , cada um em seu tempo , de uma forma que o seu interior não se "chocasse" com a realidade exterior em que vivia. O ser humano tomou como forma de defesa a utilização de "máscaras" que encobrem artificialmente seus sentimentos , desejos e vontade. O homem ao tentar esconder o seu interior ou demonstrar uma postura diferente da sua íntima realidade , aos seus semelhantes , incorre em um grande erro. Tal atitude bloqueia a essência da busca pela intimidade com Deus. Não podemos nos esconder dos olhos do Senhor *(Salmos 139:7)* , e esta tentativa acaba se tornando um grande peso espiritual.

Vivemos uma verdadeira "ditadura" das aparências em todos os sentidos de nossa vida. Até em ambientes religiosos ou espirituais, onde esta prática deveria ser combatida , nos deparamos com práticas que exaltam as aparências , que privilegiam os conceitos em "extremos opostos". A opção de agradar "os olhos" é a preferida por todos , é a mais cômoda e prática , pois não requer compromisso e busca de relacionamento verdadeiro. A comodidade e praticidade estão ligadas diretamente ao "raso e superficial" estilo de vida que temos desenvolvido. A ânsia em demonstrar as aparências que agradem , obstruem totalmente as ações de empatia e compreensão que deveríamos desenvolver , se fluíssem de nosso interior.

O texto inicial fala por si só. Demonstra uma verdade única , constante e eterna. *"O homem vê o exterior , porém o SENHOR, o coração"* . *I Sm 16:7*

[5]**Aparência** – Ver na página 86.

A maldição de Saul

"Porém o povo não quis ouvir a voz de Samuel; e disseram: Não, mas haverá sobre nós um rei". I Sm cap. 8 - vers. 19

E o povo clamou aos céus : *" Todos os outros povos possuem um rei , porque não podemos ter um rei para lutar nossas batalhas e nos julgar" (I Samuel , cap. 8 – vers. 5).* Samuel já estava velho e cansado e tinha filhos que não estavam seguindo os seus retos caminhos. Ao escutar o clamor do povo por um rei , Samuel os advertiu como seria as suas vidas a partir do momento que um rei fosse constituído *(I Samuel , cap. 8 vers. 11 ao 17).* Disse-lhes também que quando chegasse este momento clamariam novamente a Deus , para que os livrasse deste rei *(I Sm. cap. 8 vers. 18).* Nenhum argumento dito por Samuel , surtiu efeito , o povo novamente clamou:*"Não , mas haverá sobre nós um rei ".*

O Senhor que está atento a todo clamor , então os atendeu. Ordenou que Samuel constituísse um rei para o povo. A ordem foi dada , todos voltaram para suas casas , para suas cidades. Na menor das tribos de Israel (**Benjamin**) na menor das famílias desta tribo , aí estava um homem forte , belo , atlético , que se sobressaia em altura aos demais do povo. Este homem de nome Saul foi o escolhido , para reinar sobre o povo , e na hora aprazada por Deus , Samuel o **ungiu**[6] *(I Samuel cap10, vers. 1).*

O agora rei Saul , foi a frente de seu povo pelejando suas lutas , guerreando suas batalhas , seguindo a voz das determinações de Deus. A direção e a correção de suas ações estavam ligadas a vontade de Deus. O Espirito de Deus estava sobre e com ele. A unção que foi derramada permaneceria enquanto estivesse agindo segundo a vontade de Deus.

O tempo passou , muitas lutas lutou e mais uma peleja teria pela frente. A voz de Deus determinou como deveria ser realizada a ação , todos os detalhes foram declarados e determinados. Bastava seguir a risca a vontade do Senhor , para que tudo corresse com sucesso. Talvez seja uma característica inata do homem , o desejo de transgredir , de tomar para si as rédeas do situação. Mesmo tendo a certeza e a consciência do erro , o impulso é mais forte. E desta forma sucedeu , o sucesso da empreitada foi alcançado , porém o centro de tudo estava nos pequenos detalhes ordenados e determinados. Os detalhes mostravam a correção da direção , o alvo a ser seguido , a coerência dos princípios. A segurança da caminhada estava apoiada nestes pequenos e desprezados detalhes. Mesmo sabedor de seus erros , Saul insistiu com Samuel , que suas intenções eram legitimas e que os meios justificavam os fins. Continuava firme em suas convicções , com a certeza de estar dentro do designo traçado por Deus. Considerava que escutar a voz do povo e fazer a sua vontade era primordial. Na verdade estava colocando a sua posição pessoal acima do plano de Deus , para o seu povo.

A ligação entre Deus e Saul estava quebrada , a unção estava retirada. O espirito de Deus se retirou dele. Dura vida teve Saul a partir deste momento. Teve que viver o resto de seus dias com sentimento de peso , frustração , decepção pelos erros cometidos.

Os textos do Velho Testamento são rigorosamente espelhos que refletem as verdades da humanidade , pois o homem possui uma essência que não se altera. O seu comportamento , caráter e temperamento continuam os mesmos , o que muda apenas é o nosso entorno , nossas ferramentas e equipamentos. Aquele que está por detrás , no comando continua o mesmo. Com defeitos , imperfeições , falhas , corrupções , desejos , anseios , sonhos , certezas , medos e temores.

Enganosa é nossa visão natural , aquilo que a princípio parecia ouro , não passava de latão polido. As grandes responsabilidades quando são entregues a mercê da insensatez dos tolos (*Pv. Cap. 15 – vers. 7*) trazem consequências desastrosas para aquele a recebe e muito mais para os que o cercam e dependem de suas decisões. A lição sobre Saul deve nos servir como uma referência sempre presente.

⁶Ungiu – Ver na página 87.

Caminhar - Mesmo sozinho

"Tomaram eles , pois, a Jesus ; e ele próprio, carregando a sua cruz , saiu para o lugar chamado Calvário , Gólgota em hebraico." Jo cap. 19 - vers.17

De repente de uma maneira desajeitada , desequilibrada , tropeçando , combinando um misto de medo , ansiedade e um grande desejo de desbravar o desconhecido , de um dia para outro começamos a caminhar. É o início de um novo despertar, talvez este seja o primeiro traço que fazemos no quadro chamado liberdade. De forma acanhada , sempre vigiados por nossos pais , damos os primeiros passos desta caminhada chamada Vida.

Á partir deste dia nada será como antes , a cada dia vai fortalecendo a sua confiança e com isso os limites são cada vez mais ampliados. Casa , escola , festas , jogos , faculdade , namoros, casamento , família. Em cada momento destes estamos sendo acompanhados por pessoas que vão se revezando nesta caminhada , e que vão ganhando níveis de importância diferentes a medida que as necessidades são solicitadas , pois em um momento seguinte são substituídas , porque as nossas prioridades são alteradas , um novo momento está sendo vivido.

Em certos momentos olhamos para os lados e não vemos ninguém a nos acompanhar , são experiências que não conseguimos compartilhar com outra pessoa , podem ser dolorosas, incompreensíveis ou apenas passageiras. Quando Jesus esteve em nosso meio , claramente nos mostrou muitas lições a respeito do **"caminhar"**[7]. No princípio de seu ministério escolheu 12 homens para acompanhá-lo , homens de confiança que caminhariam a seu lado. Queria compartilhar, experiências , ensinamentos , alegrias , sua verdade. Em certo momento após instruí-los os enviou a viajar por Israel em pares , para fazer a missão caminhando lado a lado.

Porém quando queria orar de forma mais intensa , chamava apenas 03 discípulos mais íntimos , para acompanha-lo. No entanto quando queria total intimidade com o Pai , ele se esquivava e seguia a caminhar sozinho até um local especial. Baseado nesta mesma busca de intimidade com o Pai , ele cumpriu sua missão de Salvação do homem. Caminhou sozinho até o Gólgota , para fazer a vontade do Pai.

Aprendemos com isto que durante nossa caminhada teremos diversas ocasiões em que deveremos identificar e selecionar quem está nos acompanhando. Cercar-nos das pessoas certas e de extrema confiança , porém em certos momentos nossa caminhada será solitária , exclusiva , individual , parecida com aqueles primeiros passos , buscando um mundo novo. Como Jesus teremos apenas ao nosso lado o conforto , a segurança e a certeza da presença de Deus a nos guardar.

[7]**Caminhar** – Ver na página 87.

DIA 8

Mentira sempre será mentira...

"Bem-aventurado o homem que põe no SENHOR a sua confiança e que não respeita os soberbos, nem os que se desviam para a mentira". Sl. 40 – vers. 4

Não existe imagem mais marcante e significativa em relação a mentira do que a figura do Pinochio. Acredito que todas as pessoas conheçem a história , o significado e a simbologia que ela representa. Faz parte do imaginário das crianças , pelo menos até a bem pouco tempo atrás. Como vivemos em tempos do "politicamente correto" , talvez hoje considerem a história perniciosa , fantasiosa ou simplesmente dispensável (?).Porém o que importa é a ilustração clara e transparente da ação e da consequência. No caso da história uma consequência imediata , ação e reação. Não existe meia verdade ou meia mentira. Ou então uma mentirinha "branca" , como se a mentira tivesse cor. Ou sob outro enfoque que ela possa se esconder , pois temos aquele velho e preciso ditado: " A mentira tem pernas curtas" , ou seja não se sustenta por muito tempo. No caso do Pinochio , apesar de passar por muitas e perigosas dificuldades , chega ao final com a felicidade batendo a sua porta , o perdão e o oferecimento de uma vida verdadeira. Mais isto é apenas uma fábula , uma história infantil com uma profunda lição de moral e caráter.

Moral e caráter , são elementos qualitativos que "vestem" o interior de todo ser humano. Qualidades que mesmo sendo internas , transparecem sem sutileza nenhuma nas pequenas e grandes ações externas. Elas norteiam a percepção que temos ao ver (e julgar) o "outro". Verdade e mentira estão diretamente interligadas a moral e caráter , para o "bem" e para o "mal". Não há possibilidade de dissociar a **mentira**[8], da falta de "moral e caráter". É ponto definitivo e absoluto.

Vamos demarcar a seguir 5 pontos que devemos ter em mente em relação a "mentira". Não temos como "maquiar" a mentira, toda e qualquer artifício que utilizarmos para transforma-la será inútil , a essência original dela estará lá. A mentira possui um prazo de validade , ela não se "esconde" , ela não se sustenta. Mais cedo ou mais tarde ela se revelará e todas as suas consequências aparecerão. E para finalizar três pontos que formam um tripé que molda o caráter e a moral do ser humano: A mentira não se "aceita" , não se <u>compactua</u> e não se <u>transmite</u>. A grande conclusão que chegamos é: "A mentira sempre será uma mentira."
Na Bíblia temos enumeras passagens que reforçam esta máxima. Elas nos dizem a respeito da sua origem , da sua concepção , dos seus resultados e de seu julgamento. Assim como traça o paralelo com o seu oposto a Verdade. O caminho para a mentira é mais cômodo , mais rápido , mais curto , não utiliza a consciência imediata. Em contrapartida a Verdade exige esforço , pois atinge diretamente a consciência e a responsabilidade. Trilhar o caminho

da Verdade nos faz confrontar com as dificuldades do dia a dia ,
mexe com as nossas estruturas emocionais. Talvez por isto as
pessoas prefiram ter um conforto momentâneo , jogando para
frente , adiando para depois aquilo que deveria ser o primordial.
Viver a Verdade , na Verdade , em Verdade.

[8]**Mentira** – Ver na página 87.

DIA 9

Viver de verdade , na verdade...

Depois , Jesus chamou a seus discípulos e o povo para virem ouvir: " Se qualquer um de vocês quiser ser meu seguidor" disse-lhes Ele , "deve por de lado os seus próprios prazeres , tomar sobre os ombros a sua cruz e seguir-me de perto. Se você insistir em salvar a sua própria vida , você a perderá. Somente aqueles que põem de lado a sua vida por minha causa e por causa da Boa Nova é que saberão realmente a que significa viver. E qual é o proveito que um homem tira se ele ganhar o mundo inteiro e perder a alma? Porque há alguma coisa que valha mais do que a alma dele?" (texto Marcos cap. 8 - vers. 34 a 37- Tradução Bíblia Viva).

Não temos como não ter os nossos sentidos aguçados para tentar imaginar esta cena acontecendo diante de nossos olhos. Vamos ao exercício , estamos a aproximadamente 2000 anos atrás. O local , os confins da Galileia. Jesus estava rodeado por seus discípulos e muitos do povo , todos com os olhos e ouvidos atentos e abertos a tudo o que aquele Homem fazia e dizia.

Afinal todos estes homens estavam caminhando sem destino definido , sem roteiro estabelecido , sem a certeza do que fariam no dia seguinte.Porém a força e a autoridade que emanava Dele , era determinante para deixar tudo de lado. Nada era mais importante , nada era mais urgente , cada minuto era o mais importante de suas vidas. Até que acontece o próximo minuto. E de repente Ele faz uma declaração , uma afirmação , uma ordenança , que ultrapassava tudo o que já tinha dito e pedido anteriormente.

Abrir mão de sua vida , deixar para trás a forma , a maneira como haviam aprendido e se acostumado a viver. Literalmente deixar de lado as suas "bagagens espirituais e materiais". Reaprender a viver. Forte demais , duro demais , exigente demais. Se era difícil para aqueles homens que tinham o próprio Jesus a sua frente , que vinham compartilhando experiências tremendas e sobrenaturais , como tentar imaginar e cumprir tal desafio sem vê-lo.

É o nosso próximo exercício. Vamos transpor este evento para o nosso tempo , para os nossos dias , para o agora. Imagine Jesus falando diretamente comigo ou com você , nos desafiando a abandonar tudo , deixar tudo para trás , passar a viver por Ele e pelo Evangelho. Convidando-nos a experimentar o que diz no texto acima : " estes saberão realmente o que significa viver ". Como responderíamos ? Como agiríamos ? Atenderíamos ao seu chamamento? Estaríamos dispostos a pegar a nossa cruz para segui-lo ? Se não conseguimos por ora responder tais questionamentos , vamos ter em mente a última frase do versículo: " *Porque há alguma coisa que valha mais do que a* **alma**[9] *dele?*"

[9]**Alma** – Ver na página 88.

DIA 10

Síndrome de Roboão

O reino Dividido

"Assim que, se meu pai vos carregou de um jugo[10] pesado, ainda eu aumentarei o vosso jugo; meu pai vos castigou com açoites, porém eu vos castigarei com escorpiões". I Re 12:11

Uma grande herança , uma incalculável herança. Segundo a maior parte dos historiadores não houve homem sobre a face da Terra mais rico do que o Rei Salomão. Durante seu período de reinado além de manter reunidas todas as 12 tribos de Israel sob sua liderança , conseguiu influenciar e ter o respeito e temor dos demais povos . Todos os reinos vizinhos vinham até ele , oferecer tributos sob forma de ouro , pedras preciosas , embarcações , madeiras nobres , animais e bens materiais diversos. Ter aliança firmada com Salomão era garantia de paz e tranquilidade em sua terra. Por este motivo durante os 40 anos de seu reinado , a paz e a boa convivência foi mantida.

Portanto a partir da morte de Salomão , seu filho Roboão teve pela frente uma tarefa das mais espinhosas. Deveria dar continuidade ao bem sucedido (até aquele momento) reino que estava sendo entregue em suas mãos. Durante os últimos 40 anos o reino liderado por seu pai , tinha uma estrutura invejável , com divisões em distritos nomeados e coordenados por uma administração central. O exército era numeroso, bem treinado e muito bem equipado , o que era garantia de absoluta paz e tranquilidade.

Tamanha responsabilidade tinha como respaldo um conselho formado por homens notáveis , experientes , com formação intelectual e moral , prontos a auxiliar nas decisões mais difíceis. Roboão então recorreu a este conselho para decidir uma questão relativa a impostos, pois era um ponto muito delicado e que preocupava em demasia as tribos do reino. A resposta dado pelo conselho de anciãos era para manter cautela neste momento inicial de seu reinado, no intuito de ganhar a confiança do povo, e manter estrutura existente. Não satisfeito com a resposta, Roboão convoca para comparecerem a sua presença, os jovens amigos com quem conviveu desde a sua infância, rapazes sem experiência e vivência em atividades de responsabilidade de uma nação império, como a que estava governando. Os jovens levados pelo ímpeto e a necessidade da resposta imediata, disseram para Roboão mandar um recado claro e pesado ao povo. O recado a que eles se referiam, deveria ser um novo decreto real de um aumento exacerbado de imposto e penalidades a quem não cumprisse as novas determinações.

A resposta do novo rei , despertou um violenta onda de revolta em toda a nação , e um forte movimento revolucionário e separatista ganhou as ruas. Liderados por Jeroboão , jovem valente e um dos guerreiros de Salomão , o grande reino construído por Davi e mantido por Salomão , nos últimos 80 anos , simplesmente ruiu , desmoronou. A grande união das 12 tribos de Israel estava desfeita. Poucos dias de reinado bastaram para que toda uma estrutura viesse abaixo. Desta forma 10 tribos de uniram a Jeroboão formando o reino de Israel (reino do Norte) e as tribos de Judá e Benjamim se uniram a Roboão e formaram o Reino de Judá (reino do Sul).

Roboão tomou uma decisão que impactou não somente a sua vida, mas de milhares de pessoas que esperavam o melhor do rei recém-constituído. Ele simplesmente tomou a decisão errada, ou talvez Deus em sua infinita sabedoria, sabia de antemão que ele não tinha capacidade para assumir aquela responsabilidade, e tratou de conduzir as coisas de sua forma. Injusta sob nossos olhos, porém justa e correta aos olhos de Deus. Ali estava o homem errado, no momento errado. Ou o homem certo para o momento de Deus.

Como formamos o processo da escolha do que ouvir , como refletir e decidir de forma segura ou em qual lado nos colocarmos? Quando tomamos uma decisão, estamos levando em consideração apenas a nós mesmos, ou temos uma consciência maior , de família , de comunidade , uma visão mais abrangente. Escutar e reconhecer a voz de Deus, dever ser o ponto de início deste processo. Lembremos sempre disto.

[10]**Jugo** – Ver na página 88.

Ser cristão

"E sucedeu que todo um ano se reuniram naquela igreja, e ensinaram muita gente; e em Antioquia foram os discípulos[11], pela primeira vez, chamados cristãos". Atos cap. 11 , vers. 26

O período era turbulento , perigoso. A perseguição imposta aos discípulos , logo após a execução de Estevão estava em curso. Todos os que estavam envolvidos e faziam parte da igreja primitiva em Jerusalém , procuraram buscar abrigo em outros lugares mais seguros (Chipre , Fenícia , Antioquia - *At. 11:19*) . Porém nesta caminhada iam pregando e disseminando as boas novas entre aqueles que tinham o desejo de recebe-las. Temos que lembrar que na Igreja primitiva instalada em Jerusalém , tinha uma certa diversidade étnica nos seus participantes. Não tínhamos uma igreja composta exclusivamente por judeus locais convertidos. Haviam estrangeiros que tinham se convertido e se agregaram a ela.

Neste texto em especial ocorre um fato marcante, que passa a ser referencial até os nossos dias. Após grande esforço missionário e evangelístico , alguns homens comuns são chamados de cristãos , pela primeira vez. No texto de Atos 11 a partir do versículo 20 , podemos ver como foi este esforço missionário. Alguns homens convertidos de Chipre e Cirene , com ousadia romperam um protocolo estabelecido , e transmitiram as boas novas a gregos não judeus. Qual o resultado? Gentios novos convertidos. O mover de Deus era tamanho, que estas notícias logo chegaram a Jerusalém, que rapidamente enviou Barnabé até lá, um homem cheio do Espírito Santo e Fé.

Barnabé com toda experiência missionária que possuía, partiu para Tarso buscar Paulo , pois sabia que obra era grande e extensa, precisava atender a este momento com o melhor material humano que possuía. Barnabé tinha identificado que o momento era agregar todas as forças possíveis para atender o mover de Deus naquela cidade. E a partir deste momento eles empreendem um trabalho de 01 ano de ensino e dedicação a todos os que se achegavam, para buscar as boas novas e as sementes plantadas por Cristo.

A expressão cristão no grego original, quer dizer "seguidor de Cristo" ou "pequenos cristos". Agora nos perguntamos , o que levou estes homens a serem designados como "pequenos cristos". A resposta pode ser achada no próprio texto bíblico. 1) Eles anunciavam Cristo (*vers. 20*) ; 2) A mão do Senhor era com eles (*vers. 21*) ; 3) A Graça de Deus estava presente (*vers. 23*) ; 4) Tinham propósito no coração (*vers. 23*) ; 5) Tinham em sua liderança um homem de bem , cheio do Espírito Santo e Fé (*vers. 24*). A marca profunda que estes homens tinham , fez com fossem distinguidos. Eram homens diferenciados. Eles refletiam , eles espelhavam , eles demonstravam a todos a essência de Cristo. A marca que possuíam era permanente e inquestionável.

Esta passagem   serve para nos colocar frente a um questionamento. O povo de Deus dos nossos dias pode ser chamado de cristão? Qual a marca que a igreja de hoje possui ? O que buscamos e fazemos para nos distinguir e sermos chamados de cristãos? Como estamos trabalhando e nos dedicando em prol das boas novas de Cristo? Nossas lideranças estão conseguindo enxergar as prioridades e o mover de Deus?

Como sabemos , o livro de Atos , não está encerrado. Nós somos a extensão e a continuação desta missão, deste comissionamento que nos foi concedido. O tempo que dispomos está em nossas mãos , o que não realizarmos , isto nos será requerido. Realizar é preciso.

[11]**Discípulos** – Ver na página 88.

Jesus e a nossa humanidade

"E Tomé respondeu, e disse-lhe: Senhor meu, e Deus meu!" - Jo cap. 20 - vers. 28

O que nos conecta com o mundo em que vivemos são nossas percepções. A maneira como recebemos, como percebemos, como entendemos os estímulos visuais, sonoros, olfativos, táteis e degustativos , determinam a nossa ligação com a vida que nos cerca. Os cinco sentidos básicos do ser humano porém , não conseguem e nem permitem explicar , de que forma a nossa ligação com Deus acontece.

Todas as vezes em que Deus se comunicou com os homens , fez através de um poder divino que promove alterações em nossas percepções. Se mostrou na natureza e através da natureza , se mostrou na sua criação e através de sua criação , falou através de profetas que foram cheios do seu Espírito para esta finalidade , mostrou o seu poder àqueles que verdadeiramente estavam buscando tal contato. Mas apenas estes breves momentos de alteração de percepção , não eram suficientes para que Deus recebesse do homem , a adoração que lhe é devida.

Deus nos deu Jesus Cristo para humanizar a divindade. Deus queria tornar pessoal , o impessoal. Deus queria tornar palpável , o impalpável. Deus queria tornar visível, o invisível. Deus queria tornar os nossos sentimentos em verdades reais. Deus queria através do Jesus Cristo homem , nos apresentar e exemplificar de forma clara como podemos nos tornar seus filhos. Deus queria que saíssemos do patamar sobrenatural de seus sinais , e passássemos a entender o seu mover através dos sentidos básicos do ser humano.

Não existe em todo a escritura passagem mais crucial e impactante para exemplificar o nossa humanidade em relação a Jesus que a contida no livro de João , cap. 20 - vers. 26 - 29 : *" E oito dias depois estavam outra vez os seus discípulos dentro, e com eles Tomé. Chegou Jesus, estando as portas fechadas, e apresentou-se no meio, e disse: Paz seja convosco. Depois disse a Tomé: Põe aqui o teu dedo, e vê as minhas mãos; e chega a tua mão, e põe-na no meu lado; e não sejas incrédulo, mas* **crente**[12]*. E Tomé respondeu, e disse-lhe: Senhor meu, e Deus meu! Disse-lhe Jesus: Porque me viste, Tomé, creste; bem-aventurados os que não viram e creram"*.

A passagem mostra ao mesmo tempo a nossa humanidade , representada por Tomé , que precisa desesperadamente confirmar a sua Fé , através da percepção humana , pois o amor que nutre por Jesus é verdadeiro , é inteiro e portanto necessita ser vivido com toda integridade. Mas também a passagem aponta para o Poder de Deus , pois Jesus através da palavra proferida , demonstra de forma inequívoca que , o que nos une a Jesus Cristo, nosso Senhor e Salvador , é a nossa Fé.

[12]**Crente** – Ver na página 89.

O retorno ao Pai

"Porque para mim o viver é Cristo, e o morrer é ganho". Fp cap. 1 - vers. 21

O apóstolo Paulo nos relata em uma de suas cartas *(Filipenses cap. 1 - vers. 21)* que para ele *"viver é Cristo , e morrer é lucro"* , demonstrando desta forma o que significa ter um desejo ansioso de "retornar ao Pai". Este desejo deveria ser algo real em nossas vidas , pois como salvos e cidadãos do Reino de Deus , nada deveria ser superior ao desejo de estar nos braços do Pai , de sentir o cheiro suave do retorno ao lar, de conviver com os Santos e poder adorar a Deus em toda a sua plenitude.

Ter a certeza de não conviver mais , com a dor , a frustração , a doença , a injustiça , a incompreensão. Tudo isto por si só nos deixaria plenos e com a absoluta determinação de almejarmos estar com Deus , da mesma forma como Paulo relata em sua carta. Seguindo este princípio e concordando com Paulo , o que nos faz agirmos exatamente de forma contrária.

Se não vejamos , o maior temor do ser humano seja ele quem for , rico ou pobre , crente ou ateu , intelectual ou iletrado , homem ou mulher , é a "morte". Encaramos a morte como o inimigo preferencial de nossa vida , e buscamos de todas as formas nos precaver em relação a ela , e não a vemos como o caminho natural da nossa breve existência.

Vivemos presos , amarrados , acorrentados a um sistema que é regido sob leis estritamente racionais , lógicas , econômicas , hedonistas que fazem com que nosso corpo e alma tenham a tendência de preservação indefinida , quiçá eterna. Sob este ponto de vista Paulo também nos escreve da luta entre a **"carne**[13]**"** e o espírito" *(Gálatas cap. 5 - vers. 17)* e o quão intensa é esta luta , que faz com a nossa vontade carnal prevaleça a nossa vontade espiritual.

Em outra passagem ele nos descreve da dificuldade de impor a vontade espiritual *(Romanos cap. 7 - vers. 15)* dizendo *"o quero não faço e o que não quero faço"*. Este sistema mundano nos captura de tal forma que mesmo buscando intensamente a comunhão com Deus , nos defrontamos com situações difíceis em nosso dia a dia. Aliados a todas estas dificuldades que já não são poucas , ainda temos a nossa frente o desafio de como tratar o dinheiro e o poder advindo dele em nossa vida cristã.

Cada vez mais as nossas igrejas estão reproduzindo o mundo dentro dos templos , espelhando o modo e a forma usual da sociedade da atualidade , nas atitudes , ações , estratégias , abordagens , pregações e campanhas. Estamos ratificando de forma triste que tudo neste mundo tem como finalidade o dinheiro, o poder e as benesses proporcionadas por ele.

Só poderemos romper com este ciclo se vivermos com a intensidade de Cristo , com a vontade de Cristo , com o amor de Cristo , com a compaixão de Cristo , com o desejo revolucionário de Cristo. Vivendo desta forma estaremos adquirindo a identidade de um cidadão dos Céus , e então o nosso desejo intenso e premente será estar no aconchego dos braços do Pai.

[13]**Carne** – Ver na página 89.

Casca ou armadura

"Por isso peguem agora a armadura que Deus lhes dá. Assim, quando chegar o dia de enfrentarem as forças do mal, vocês poderão resistir aos ataques do inimigo e, depois de lutarem até o fim, vocês continuarão firmes, sem recuar". Efésios 6:13 (NTLH)

No evangelho de João cap. 16 - vers. 33 , Jesus diz textualmente: *" No mundo tereis aflições ,mas tende bom animo , eu venci o mundo"* . Esta afirmação é compartilhada no contexto da longa reunião fraternal ocorrida entre Jesus Cristo e seus discípulos , dias antes da sua morte e ressurreição. Era uma preparação mental e espiritual muito objetiva , de tudo o que os discípulos iriam enfrentar ao assumirem a posição de confissão e defesa das ideias e ensinamentos que Jesus estava lhes passando. Era imperioso que tivessem a consciência da luta que teriam pela frente , das dificuldades que lhes seriam impostas , do perigoso desconforto que os acompanhariam no restante das suas vidas. A confissão de fé que cada um destes homens estava fazendo , deixaria marcas permanentes.

Acredito que todos nós já vivemos e experimentamos momentos extremamente tristes e desagradáveis ao longo de nossas vidas. Circunstâncias que nos levaram a muitas vezes a pensar em desistir , de deixar de lado nossas crenças , certezas e convicções.

Dias em que os temores nos sobressaltam , nos tiram do prumo , nos inquietam. Mesmo aqueles que já possuem uma experiência com Deus , quando passam por experiências traumáticas , podem vir a desenvolver uma espécie de "bloqueio psicológico" que com o passar do tempo torna-se uma "casca" ou "couraça" que nos impede de sentir e absorver futuros outros problemas. Como se fosse uma "vacina" pronta e preparada para rechaçar para bem longe toda tentativa de infiltração do "mal".

Este processo psicológico acaba por interferir diretamente na sensibilidade e empatia do homem. Torna-o indiferente a dureza , rudeza e maldade da espécie humana , do qual fazemos parte. As "cascas" podem artificialmente aliviar nossas consciências, pois põem de lado os sentimentos que afloram quando nos envolvemos intensamente com situações extremas. Porém esse alivio é apenas ilusório , pois os registros em nossa mente estarão sempre presentes. Em algum momento de nossas vidas as cobranças irão acontecer. E aí neste instante a "casca" deverá ser quebrada, sob o risco de haver uma perigosa "implosão" , de dentro para fora. Todo processo represado por anos vem a tona , expondo a nossa imensa dificuldade na resolução e solução dos problemas.

Na passagem de Efésios no início de nosso texto , o apóstolo Paulo nos apresenta a opção divina para nos guardarmos , protegermos e enfrentarmos os ataques do mal. Paulo nos ensina a usar uma "armadura dada por Deus" , um verdadeiro equipamento de guerra , muito mais valioso e eficiente que qualquer "casca humana". Toda concepção desta **armadura**[14] está embasada nos elementos de fé e conhecimento da Palavra de Deus. A vivência cristã do evangelho , com verdade e justiça. Tendo nas mãos a proteção através da nossa Fé , combatendo todo mal com o uso da Palavra de Deus. E o mais importante de tudo , tendo a certeza da Salvação em Cristo Jesus.

A armadura de Deus nos molda de "dentro para fora" , nos ensina a viver e absorver todos os momentos de nossas vidas. Fortalece-nos de forma integral, tornando-nos confiantes em crer nas suas palavras: *" mas tende bom animo , pois eu venci o mundo."*

[14]**Armadura** – Ver na página 90.

DIA 15

No raso

"E junto do ribeiro, à sua margem, de uma e de outra banda, subirá toda sorte de árvore que dá fruto para se comer; não cairá a sua folha, nem perecerá o seu fruto[15]; nos seus meses produzirá novos frutos, porque as suas águas saem do santuário; e o seu fruto servirá de alimento, e a sua folha, de remédio". Ez cap. 47 - vers. 12

O carro segue rápido pela estrada , e após uma sucessão de curvas , o que se descortina ao horizonte é deslumbrante. Uma massa imensa de água abre-se até onde a vista alcança. O que sempre foi imaginado como grandioso , se mostra muito maior. Esta é a visão da pessoa que vê o mar pela primeira vez.

Este emocionante contato visual é substituído logo a seguir , num segundo momento , quando com os pés descalços caminha pela areia , e tem o primeiro contato com as águas geladas. É uma sensação que mistura beleza , intensidade , medo , respeito e liberdade. Já neste primeiro contato irá se estabelecer uma relação de amor e ódio com o mar. Algumas pessoas vão amar estar no mar para o resto de suas vidas , já outras terão esta relação como totalmente descartável.

O início da relação se dá de forma lenta e receosa, pois por não conhecer a dinâmica das ondas , as pessoas se concentram em ficar na beirada , no raso , na região onde a areia se funde com o mar , aquela área do refluxo. Com o passar do tempo , a medida que a confiança aumenta , e que o conhecimento da batida das ondas no corpo se torna normal e prazerosa , vamos avançando em direção a uma maior profundidade naquela massa de água gigantesca. Normalmente nosso limite se dará até o momento em que as águas atingirem nosso tórax , à partir daí a lâmpada do perigo se acende internamente e paramos.

O texto do Livro de Ezequiel cap. 47 a partir de verso 1 , nos traz uma mensagem poderosa a respeito de se caminhar com Deus e buscar intimidade com Ele. Ele relata que um rio flui do Altar do Senhor em direção ao mar (*vers. 1 e 2*) e via águas que primeiro cobriam os tornozelos , depois cobriam os joelhos , depois cobriam os lombos e finalmente águas que só poderiam ser transpostas nadando (*vers.3,4 ,5*). Somente "mergulhando" na profundidade das águas que fluem do trono do Senhor , poderemos chegar ao lugar descrito no versículo 12 (início do texto). Um lugar de descanso e refrigério regado pelas águas que fluem do trono , águas que saram a terra (*vers. 8*) .

O Senhor está em busca de homens e mulheres que queiram transpor o limite da cômoda normalidade, que deixemos "o raso" , o nosso local de conforto. Ele anseia que confiemos com total segurança na sua revelação, para assim navegarmos no vasto oceano do Espirito.

[15]**Fruto** – Ver na página 90.

Busca da perfeição

"Sede vós, pois, perfeitos, como é perfeito[16] o vosso Pai, que está nos céus". Mt. cap. 5- vers. 48

Bom trabalho !!! Quando estas duas palavras são ditas para qualquer um de nós , após concluirmos um trabalho que foi desenvolvido com dedicação , ficamos muito satisfeitos. A sensação de dever cumprido é extremamente gratificante , ela nos faz sentir vencedores.

Além desta sensação , temos também nosso ego massageado , pela necessidade inata e humana de reconhecimento , de ser elogiado , de ser e estar em destaque. O ego acalentado age no sentido contrário da autoanálise, mas é preferido a este, por nos satisfazer. Quando os padrões de avaliação utilizados para aferição da qualidade do trabalho são pobres, então os problemas começam a ocorrer , e vão se agravando a medida que estes trabalhos vão mais e mais sendo reconhecidos como "bons". O grande risco que corremos é não possuir um padrão próprio de aferição, que nos faça discernir, que apesar de estarmos realizando "um bom trabalho", ele ainda está muito abaixo do padrão que devemos perseguir.

Quando Jesus fala : *"Sede perfeitos assim como o Pai Celestial é perfeito"(Mt. 5:48).* Jesus está nos propondo um padrão de conduta a ser buscado , a ser perseguido , a ser conquistado. Este padrão de excelência é na maioria das vezes descartado por grande parte dos pregadores da Palavra , por ser considerado inatingível.

A premissa é verdadeira na essência do significado , porém não podemos simplesmente esquecer o padrão exigido pelo Senhor , não podemos simplesmente abandonar toda e qualquer tentativa de perseguir este alvo , e de dia a dia fazermos o melhor , o melhor , o melhor. É um ato de superação diária em busca do alvo, do objetivo.

O apóstolo Paulo relata isto , falando que não tinha alcançado o alvo (*Fp cap. 3 - vers. 12*) , mas continuava a tentar incessantemente. Não vamos ficar em nosso local de conforto , recebendo apenas o som das palavras "bom trabalho" , vamos correr o risco de nos auto avaliar , e ter a certeza que temos que buscar a Perfeição , mesmo que não a alcancemos.

[16]**Perfeito** – Ver na página 90.

Da Suave dependência a
brutal independência

"Tomai sobre vós o meu jugo e aprendei de mim , porque sou manso e humilde[17] de coração" Mt. cap. 11 - vers. 29

Para explicar a sentença que dá título a esta postagem temos que nos deter em 02 passagens específicas , que somadas e entrelaçadas , dão uma ideia parcial da ação da Palavra de Deus nos homens , e a enorme dificuldade que o ser humano chamado "normal" tem em entender e absorver a vontade de Deus.

Está infiltrado no subconsciente do ser humano , desde os primórdios , dois pontos chaves que são buscados com extrema intensidade no intuito de se obter supremacia social , política , financeira , de comando ou de influência. Estes dois pontos chaves são: o conhecimento (intelectual) e a força. A humanidade vem historicamente no passar dos séculos, alternando períodos de intenso florescimento da inteligência humana, sendo confrontados por forças opressoras que massacram impiedosamente povos , culturas e países.

A busca pelo poder , leva aos mais capacitados homens , recorrerem a utilização da força física para a manutenção deste poder que corrompe e destrói. Da mesma forma temos homens brutos em sua formação , que recorrem em algum momento de suas vidas , o aconselhamento de intelectuais , para resolverem situações impossíveis para eles.

Quando há luta pela manutenção do poder , conhecimento e força caminham juntas. No texto de I Coríntios cap. 1 do vers. 26 à 29 , temos a descrição de como Deus age : *"Irmãos , reparai , pois , na vossa vocação; visto que não foram chamados muitos sábios segundo a carne , nem muitos poderosos , nem muitos nobres de nascimento ; pelo contrário, Deus escolheu as coisas loucas do mundo para envergonhar os sábios e escolheu as coisas fracas do mundo para envergonhar as fortes ; e Deus escolheu as coisas humildes do mundo , e as desprezadas , e aquelas que não são , para reduzir a nada as que são , a fim de que ninguém se vanglorie na presença de Deus".*

No segundo texto em Mateus cap. 11 , vers. 28 a 30 , temos: *"Vinde a mim, todos os que estais cansados e sobrecarregados, e eu vos aliviarei. Tomai sobre vós o meu jugo e aprendei de mim , porque sou manso e humilde de coração ; e achareis descanso para vossa alma. Porque o meu jugo é suave , e o meu fardo é leve".*

Em poucas palavras vemos que ao entrelaçarmos os textos , que Jesus nos disponibiliza de uma forma mansa , suave e espiritual , a oportunidade de termos um relacionamento verdadeiro e duradouro com nosso Deus e com nossos irmãos. Ele nos diz " *"aprendei de mim "* , e neste ponto reside o maior desafio do homem. Pois o aprender em Cristo , significa por em prática tudo aquilo que recebemos dos ensinamentos da Palavra de Deus. É trocarmos nossa pretensa independência pela dependência absoluta de Deus. A troca do brutal pelo suave, é uma escolha que é só nossa , e está ao nosso alcance.

[17]Humildade – Ver na página 91.

Não , senhor. Não ? Senhor ...

"E sabemos que todas as coisas contribuem juntamente para o bem daqueles que amam a Deus, daqueles que são chamados[18] por seu decreto". Romanos 8:28

Existe uma grande dúvida a respeito de qual a palavra que mais usamos em nosso vocabulário diário. Muitas pessoas vão dizer que é a palavra "sim" , outras tantas vão dizer que é a palavra "não". Apesar de definirem conceitos extremamente opostos , em muitos casos podem ter desfechos contrários ao próprio significado da palavra , pois dependerá do contexto em que está sendo utilizada e com o qual intuito a pergunta está sendo feita.

Alguns sim , na realidade são não , e alguns não soarão como sim. Particularidades à parte , vamos nos focar e interiorizar as palavras em nosso dia a dia e a forma como transmitimos e recebemos , um grande e sonoro "NÃO". Muitos são os pensadores e estudiosos que vinculam o sucesso principalmente na área corporativa , com o fato de aprendermos a dizer , "não".

Muitos   dizem que a partir do momento que exercitamos o "não" , tomamos as rédeas das negociações , encontramos a resolução dos problemas , achamos as soluções até então desconhecidas. Aprender a dizer "não" , requer uma revisão da forma como enxergamos nossos relacionamentos , pois temos de nos despojar de alguns sentimentos , muitas vezes arraigados em nossa personalidade , porém acredito ser um obstáculo transponível.

Agora , quando nos colocamos do outro lado e somos nós os que recebem um grande , sonoro e audível "NÃO". Como reagimos. E para piorar , se este "não" vem diretamente da parte do Senhor. Temos planos , metas , agimos da forma correta , somos fieis e leais , nossa conduta com aqueles que estão próximos a nós reflete amor , cuidado e dedicação , porém aquele sonho acalentado a tanto tempo , se desmorona em nossa mente.

O texto de Romanos cap. 8 (acima) nos mostra com clareza que quando temos plena e total confiança de que Deus está no comando , a condução dos seus propósitos são absolutos e precisos. Creia que Deus tem para você , um sonho especial , que lhe será conferido no tempo de Deus , e dentro da sua capacidade para geri-lo, algo preparado só para você ; apenas Creia.

[18]**Chamados** – Ver na página 91.

Ampliar seus limites

" Amplia o lugar da tua tenda, e as cortinas das tuas habitações se estendam; não o impeças; alonga as tuas cordas e firma bem as tuas estacas". Isaías 54:2

E do alto do monte Nebo , erguendo seus olhos em direção ao amplo horizonte que se descortinava , Moisés pode ter uma visão em 360° de toda a Terra da **Promessa**[19] (*Dt. cap. 34 - vers. 1*) , que tinha sido descrita por Deus para Abraão , confirmada para Isaque e Jacó e toda sua descendência.

Moisés então aos 120 anos , com os olhos plenos de vigor pode descansar de sua missão. Á partir daquele instante "outro" líder estava assumindo a nova missão. Josué um verdadeiro general , tinha sido preparado e abençoado , para enfrentar a dura luta da conquista da Terra Prometida , a luta para ampliar os limites , a luta para tomar posse da promessa.

Pois bem muitos podem dizer , como assim ? A promessa já não estava feita , e quem fez esta promessa não foi o próprio Deus ? Porque conquistar a promessa ? É neste ponto que nossas avaliações estão equivocadas. Deus exige de todos nós pleno envolvimento , comprometimento , obediência , perseverança , fé inabalável , e total dependência de sua vontade. Ele mostra o seu sonho para nós , e com laços de amor (*Os cap. 11 - vers. 4*) nos envolve para fazer parte dele , e à partir deste momento Ele nos capacita , para ampliarmos nossos limites.

O texto bíblico no livro de Josué descreve o quanto foi penoso tomar posse de toda aquela terra que Moisés em um breve momento pode enxergar. Assim também , muitas vezes acontece conosco. Estamos frente a frente com o nosso maior objetivo , nosso alvo se encontra em nossos limites visíveis e humanos , e de repente concluímos de forma equivocada que já o alcançamos , que já chegamos , quando na verdade ainda falta o último porém importante detalhe. Escutar a voz do Senhor , que nos esclarecerá se estamos dentro e de acordo com a sua vontade.

Num piscar de olhos tudo aquilo que parecia real e que estava ao alcance de nossas mãos se desvanece , se dilui , deixa de existir. Fé , obediência , humildade e perseverança são requisitos exigidos sempre para a manutenção do   nosso relacionamento íntimo com Deus.

[19]**Promessa** – Ver na página 91.

Merecimento

"E o seu senhor lhe disse: Bem está, servo[20] bom e fiel. Sobre o pouco foste fiel, sobre muito te colocarei; entra no gozo do teu Senhor". Mateus 25:21

Eu mereço!!! Quantas vezes já formatamos este pensamento de forma silenciosa em nossa mente. E quantas vezes mais , transformamos este pensamento em frases audíveis , nas mais diversas situações. Quanta revolta e frustração nos causa , quando este sentimento de merecimento não é atendido.

E o inverso disto também é verdadeiro , pois quando vivemos situações que não queremos que nos aconteçam , dizemos " eu não mereço ". Vivemos em constante conflito com este sentimento , pois baseamos como parâmetro de aferição para nossa a vida o critério de merecimento. Temos em mente que através do merecimento alcançaremos um prêmio , teremos um resultado positivo e em virtude disto seremos agraciados com presentes ou reconhecimento.

A escala de valores que adotamos nos levam a imaginar a vida sob esta ótica , pois a educação e a cultura social que nos é proposta , mostra-nos as coisas sob este angulo , senão vejamos. As crianças são ensinadas e dirigidas a verem a vida desta forma , tanto no espaço familiar , como na escola , ou seja , devem ser merecedoras de presentes.

Os adultos são instruídos a ter atitudes de trabalho consistentes para alcançarem e obterem sucesso. Á partir destas atitudes temos a visão que mereceremos o nosso prêmio , simples assim. Com este pensamento que a nosso ver é verdadeiro , saímos do campo material para o espiritual , e chegamos a Deus com esta mesma ideia.

Começamos a ter uma vida espiritual baseada , no acho "que eu mereço". Transferimos esta atitude de espera de presentes para "alguém mais poderoso" , e com o passar do tempo , passamos a nos irritar , pois o que esperamos não acontece , e daí falamos "eu não mereço".

No livro de Mateus Cap. 6 , vers. 33 , Jesus nos diz: *" Buscai , pois , em primeiro lugar o reino de Deus e sua justiça , e todas estas coisas vos serão acrescentadas".* O melhor que podemos receber de Deus , não vem de nosso esforço , de nosso trabalho , de nossa dedicação. O melhor de Deus para nós é a Salvação em Cristo Jesus , que nos é dada sob forma de Graça , algo que não merecemos. Busque em primeiro lugar ao Reino de Deus e sua justiça , pois o Senhor através de seu Amor nos proverá com sustento , alegria , segurança , conforto e realizações.

[20]**Servo** – Ver na página 92.

DIA 21

Ousadia - Em que sentido ?

"E, tendo eles orado, moveu-se o lugar em que estavam reunidos; e todos foram cheios do Espírito Santo e anunciavam com ousadia a palavra de Deus". At. cap. 4 - vers. 31

A língua portuguesa é sem dúvida um grande desafio. A começar pelo seu vocabulário , que é extremamente extenso e complexo. A quantidade de regras , conjugações , variantes , concordâncias , fazem do aprendizado e posteriormente a sua utilização , uma missão para qualquer pessoa que se propõem , a escrever algumas linhas com um mínimo de coerência.

Não é a toa , que nos exames de avaliação ao ensino superior , uma das provas mais temidas é a da redação. Técnicas foram desenvolvidas pelos professores com o passar do tempo , para prepararem os alunos a enfrentar o tão temido exame. Fiz esta introdução por que pretendo falar a respeito de uma palavra que possui significado   de alguma forma ambíguo , em certas ocasiões.

O que na realidade quer dizer "ousadia" , o que significa ser ousado , ter uma atitude ousada , se comportar com ousadia , fazer ou determinar ações que demonstrem ousadia. Quando pensamos em **ousadia**[21], imaginamos algo fora do contexto , diferente da rotina , atitudes ou ações não usuais , ter atitudes que infringem as formas aceitas pela sociedade , em resumo ser contestador ou revolucionário.

Estamos a pelo menos 20 anos ("acredito eu") vivendo dentro do conceito do politicamente correto , e isto tem nos levado a um marasmo opinativo , pois tomar posição a respeito de quase tudo que nos cerca , tornou-se risco eminente para julgamentos e execrações públicas ou individuais.

E dentro deste espírito que coloco a palavra "ousadia" , e de como exerce-la.   Encontramos na Bíblia um texto de Atos Cap. 4 - vers. 31 que relata de forma clara como os apóstolos se comportavam naqueles dias , dizia assim : "... e todos cheios do Espirito Santo e com ousadia , anunciavam a Palavra de Deus".

A explicação é muito simples , apesar de requerer grande complexidade para sua execução. A marca da ação destes apóstolos era: "Homens e mulheres que tinham dentro delas o Espirito Santo que orienta , a força que revoluciona , a liberdade que contesta , a Palavra de Deus que dá autoridade , o amor de Cristo que dá segurança de enfrentar todo e qualquer risco ou julgamento, e a vontade unanime de mudar a sociedade".

Estas características que os apóstolos possuíam , nos impulsionam a pelo menos pensarmos: "Vamos ousar ser ousados".

[21]**Ousadia** – Ver na página 92.

Mais de Ti

"o Espírito da verdade[22] , que o mundo não pode receber, porque não o vê, nem o conhece; mas vós o conheceis, porque habita convosco e estará em vós". Jo cap. 14 - vers. 17

Existem algumas frases populares que se incorporam em nosso vocabulário e passam a ser verdades aceitas por todos , e na maioria das vezes inquestionáveis , pois se admite que realmente sejam verdadeiras. Vamos exemplificar, muitas vezes dizemos : " Se melhorar estraga " , quando estamos experimentando uma sensação de extrema felicidade.

Estamos simplesmente declarando que chegamos a plenitude , ao máximo de uma sensação ou sentimento. Com isto , estamos traçando um limite definido de possibilidades para nossas experiências , pois teoricamente qualquer coisa além do que estamos experimentando naquele instante , vai ser desastroso.

Vamos admitir , que em certas ocasiões , os limites são saudáveis e seguros , portanto , não ultrapassa-los é sinal de inteligência e coerência. Porém começamos a disciplinar nossos sentimentos dentro de regras , dentro de padrões , passamos a limita-los. Pois bem , em nossa vida espiritual costumamos agir e seguir certos padrões , que são reflexos ou espelhos dos nossos sentimentos , pois tendemos a reproduzir em nosso relacionamento com Deus , as atitudes que temos em nosso dia a dia com as pessoas em nosso convívio particular.

Nosso relacionamento com Deus não é sentimento , nossas experiências com Deus não podem ser rotinizadas e padronizadas , nossa vida e crescimento espiritual não pode ser limitado. A plenitude e a totalidade de Deus em nossa vida tomará conta de todo nosso viver.

O derramar do seu Espírito Santo sobre nós é constante e inesgotável. Quando n permitirmos ser tocados pelo Espírito Santo, seremos elevados a um patamar acima de qualquer sensação ou sentimento. Com Ele sempre estaremos declarando : "Queremos Mais de Ti".

[22]**Verdade** – Ver na página 93.

Um sopro

"Pois nada mais sois que um vapor[23] que aparece por um pouco, e logo se desvanece" Tg cap. 4 - vers. 14

Temos sido ensinados que devemos fazer planos, idealizar metas , buscarmos alvos bem definidos , tirar os sonhos da nossa mente passar para o papel e dar o início a materialização dos nossos desejos. Muito verdadeiro , pois estes são os passos que devemos seguir , para que dentro de uma ordenação lógica e sensata , possamos alcançar o que almejamos.

Se não possuímos sonhos , experimentamos um vazio existencial , perdemos totalmente o verdadeiro sentido da busca do ser humano, que sempre obteve progresso , obedecendo o chamamento aos desafios. Portanto este anseio é mais do que válido e legítimo.

O que na maioria das vezes não pesamos e consequentemente não avaliamos , diz respeito a nossa transitoriedade , da nossa falta de capacidade de previsibilidade perante a vida. Somos seres finitos na essência carnal , temos limites que desconhecemos , possuímos entendimento apenas parcial dos acontecimentos a nossa volta. Quando traçamos planos a respeito de nossos sonhos temos em mente a confiança e a positividade humana. Valemo-nos dos parâmetros próprios de nossa realidade , calculando possíveis sucessos ou reveses dentro da nossa esfera de possibilidades. As possibilidades humanas.

Quando traçamos planos , olhamos o futuro de forma a garantirmos uma perenidade inexistente enquanto seres humanos , sendo assim construímos dentro de nós expectativas , que queremos alcançar. Vamos buscar um texto extraído da Bíblia , na epístola de Tiago , cap. 4 , vers. 13 à 15 : *" Ouçam agora , vocês que dizem: Hoje ou amanhã iremos para esta ou aquela cidade , passaremos um ano ali , faremos negócios e ganharemos dinheiro. Vocês nem sabem o que lhes acontecerá amanhã. Que é sua vida? Vocês são como a neblina que aparece por um pouco de tempo e depois se dissipa. Ao invés disso , deveriam dizer: Se o Senhor quiser , viveremos e faremos isto ou aquilo."*

Três pontos essenciais a se destacar dentro deste texto. Os dois primeiros nos mostram a nossa dependência de Deus. O primeiro nos diz assim: *"Vocês nem sabem o que lhes acontecerá amanhã".* O segundo nos diz desta forma: *"Se o Senhor quiser".* O terceiro ponto nos mostra o nosso tamanho em relação a Deus : *"Vocês são como a neblina que aparece por um pouco de tempo e depois se dissipa".* Buscar absorver e aceitar de forma consciente de que apesar de sermos apenas como grãos de areia perante a Deus , podemos por outro lado ter a segurança de que dependemos totalmente daquele que nos amou primeiro. *"Vós não me escolhestes a mim, mas eu vos escolhi a vós, e vos designei para que vades e deis fruto, e o vosso fruto permaneça; a fim de que tudo quanto pedirdes ao Pai em meu nome, ele vo-lo conceda".Jo cap. 15 – vers. 16*

[23]**Vapor** – Ver na página 93.

Estou pronto?

" Porque para mim o viver é Cristo e o morrer é lucro" Fp 1 : 21

Quando o apostolo Paulo nos ensina no Livro de Romanos (*cap. 12 - vers. 2*) a respeito de não nos conformarmos ao sistema deste mundo , não conseguimos alcançar a totalidade desta afirmação. Todo o observador toma como referencial o seu ponto de visão , a sua ótica e para isto se utiliza de parâmetros pessoais , dos seus conhecimentos de vida e experiências. Isto faz com que a convivência com os que os cercam, tenha uma influência muito forte ou em muitos casos , predominante. O nosso processo de crescimento físico , mental , cultural e psicológico acontece em meio a este ambiente. As desigualdades sociais terão uma forte influência neste processo de crescimento , porém não serão de modo nenhum decisivos , na moldagem do caráter pessoal do indivíduo. O caráter do homem não é forjado pelo meio onde ele vive. Podemos enumerar milhares de casos em que esta regra é inexistente , porém não vamos nos alongar neste detalhe , não devemos como Paulo diz , perder o foco , perder o alvo.

No livro de Filipenses (*capítulo 1 – vers. 21*) o apostolo Paulo demonstra de forma contundente o seu desprendimento em relação a forma usual de comportamento do ser humano. Ele deixa claro , com todas as letras : " Estou pronto". Porém esta afirmação é total e abrangente , ele diz "estar pronto" , para qualquer situação (*leia Fp. cap. 1 : vers. 20 a 24 e Fp.cap. 4 : vers. 12 e 13*) . Estar pronto é um entendimento muito maior , ele fala de riqueza ou de pobreza , de fartura ou necessidade , de alegria ou sofrimento , de vida ou de morte. Paulo está apontando de forma incisiva para a nossa verdadeira vocação , para o objetivo maior de Deus para as nossas vidas. De vidas separadas , escolhidas para resplandecer a Glória de Deus. Vivemos atualmente   (em nossos dias) na Dispensação da Graça , porém não se enganem , este período tem prazo de validade. Aos olhos de Deus este momento da humanidade está recheado de muita "pobreza de vida" (riqueza material e pobreza espiritual).

A conexão entre a afirmação de Romanos (não se amoldar ao sistema) e Filipenses (pronto para todas as coisas) , passa diretamente pelo reconhecimento da vocação verdadeira do cristão. Enxergar a profundidade do relacionamento de Deus com o homem. Retirar as barreiras que cegam o olhar "natural". Na sequencia do texto de Romanos cap. 12 : 2 , fala:*" Mas transformai-vos pelo* **renovação**[24] *de sua mente"* . Uma mente renovada pelo Espírito , enxergando com olhos espirituais. Somente desta forma consegue-se fazer a afirmação : " Estou pronto".

Estar disponível , pronto , preparado!!!

Para que ?   Um ministério de sucesso ? Um ministério de abdicação? Uma vida de abundância ? Uma vida de escassez ? Uma vida de reconhecimento ? Uma vida de perseguição ? Uma vida de exaltação ? Uma vida de humilhação ? Uma vida de alegria passageira ? Uma vida Eterna com Cristo? " Estou pronto"?

[24]**Renovação** – Ver na página 94.

A fixação em julgar

"Porque com o juízo[25] com que julgardes sereis julgados, e com a medida com que tiverdes medido vos hão de medir a vós". Mt. cap. 7 - vers. 2

O ser humano é movido por uma intensa , incomoda e compulsiva vontade de julgar. Há uma parte da nossa consciência , que não se acomoda , quer estar sempre traçando julgamento á partir dos filtros de nossos olhares. E baseados nestes olhares definimos nossas verdades , pois desta forma passamos a nos sentir seguros em nossas convicções , pois estabelecemos os parâmetros que nortearão nossas decisões e relacionamentos.

A palavra de Deus (*Mt.7:1-5 ; Lc.6:37-38 ; Rm 14:13 ; Rm 2:1-3; Tg 4:11-12*) demonstra de forma incansável os desdobramentos do ato de julgar , e de nos colocarmos no lugar de Deus , julgamento e juízo é atributo exclusivo de Deus. Nós temos que possuir sim , a   capacidade de julgar o certo do errado , o verdadeiro do falso , e baseados neste capacidade dizermos sim ou não.

Longe está de nós julgar e emitir sentença , seja ela de condenação ou absolvição. Acredito que todos conhecem a passagem bíblica da mulher adúltera *(Jo 8: 1-11)* , que estava a ponto de ser apedrejada pela multidão , quando Jesus com mansa sabedoria interviu. A lei judaica era clara com respeito ao que ela cometera , e o ato a ser consumado tinha respaldo legal.

Porém , Jesus apenas fez que viesse a lembrança de cada um daqueles que estavam prestes a apedreja-la , os seus próprios erros e delitos. Quando apontamos um dedo em direção aos outros , devemos lembrar , que tem outros três apontados em nossa direção. Se buscamos ser cristãos (a imagem de Cristo) devemos ver (com olhos do coração) através do amor e misericórdia de Cristo. Creio que nossa caminhada está apenas começando , porém se não nos esforçarmos , não chegaremos a lugar algum.

[25]**Juízo** – Ver na página 94.

A Hipocrisia nossa de cada dia

"e todas as nações serão reunidas diante dele, e apartará uns dos outros, como o pastor[26] aparta dos bodes as ovelhas".Mt cap. 25 - vers. 32

Como esquecer , como não deixar de lembrar as palavras mais duras proferidas por Jesus , contra aqueles que por diversas vezes estavam a sua volta , próximos ao seu círculo mais íntimo de amizade , que se achegavam , inquirindo , perguntando , provocando , desafiando o Senhor nos momentos mais tensos e decisivos.

Tentavam semear a dúvida naqueles que estavam procurando aprender com o Mestre , a estes Jesus , não usava de meias palavras , não economizava na força e veemência , não era polido utilizando a fórmula do politicamente correto , e dizia : " Bando de hipócritas " ou "Bando de víboras" . Se formos analisar os dois termos (hipócritas e víboras) , vamos ver que ambos tem uma correlação muito forte , pois a palavra que dá origem (hipocrisia) quer dizer: falsidade , dissimulação , fingimento , disfarce , simulação.

Quando analisamos a maneira de agir das serpentes , vemos que elas agem com dissimulação no seu comportamento , com disfarce na sua aparência , simulando uma aparente paralisia. A qualificação utilizada por Jesus dava uma real visão de como aquelas pessoas agiam em relação a Ele e seu grupo de apóstolos.

Quando fazemos a transposição dos textos bíblicos para o nosso tempo , e os utilizamos como parâmetro de análise, vemos com clareza a realidade que infelizmente vivemos. Conseguimos enxergar a hipocrisia nas duas pontas da comunicação : na ponta de quem apresenta e na outra ponta de quem recebe. No lado da apresentação , nos deparamos com a falsificação , dissimulação e manipulação dos textos bíblicos atendendo a interesses predeterminados.

No lado de quem recebe , vemos pessoas fingindo , simulando receber e acolher como verdadeiros , ensinamentos que poderiam transformar suas vidas. Agora vamos imaginar , estas situações acontecendo de forma invertida , uma boa apresentação sendo recebida por um mal receptor , ou então , uma má apresentação sendo recebida por um bom receptor. Temos aí a receita do novo perfil de crente , que tem dificuldade em se identificar como um verdadeiro cristão , e lutar por coisas reais e palpáveis para o Reino.

Crentes que só lutam para defender seus próprios interesses, pois são direcionados pela liderança a seguir este caminho. A Igreja tem a sua frente um grande desafio , de romper este caminhar evolutivo rumo a modernidade mundana , e retornar com força a raiz dos ensinamentos de Jesus Cristo , mesmo que isto custe , uma possível debandada numérica. Porém temos que ter em mente que estamos muito próximos e a caminho da depuração , da separação do joio e do trigo , dos bodes e das ovelhas.   A preocupação com quantidade deve estar sempre ligada a manutenção da qualidade , nunca devemos perder de vista esta máxima.

A racionalidade incessante do nosso cotidiano faz com que a busca por ver através dos "olhos do coração" se torne cada vez mais imperfeita. Esta forma de enxergar é a chave que abre nosso entendimento para os verdadeiros ensinamentos de Jesus , pois faz com que possamos identificar que a Unção que vem de Deus está sob os mais improváveis portadores dela. A luta da carne do espírito descrita pelo apóstolo Paulo , tipifica a dificuldade que enfrentamos diariamente , pois os nossos sentimentos formam uma barreira involuntária porém poderosa , que impedem ação do Espírito Santo em nossa vida.

Quando Jesus repreendia com dureza , a sua maior intenção era chamar a atenção para aquilo que importava verdadeiramente , que era a sua vinda , a sua missão , os seus ensinamentos. Nada é mais importante que o sacrifício feito por Ele , nada pode sobrepujar aquilo que Ele nos ensinou , nada é maior que a sua Soberania e Poder.

[26]**Pastor** – Ver na página 95.

O Mundo - Alguém é capaz

de entender

"Porque Deus amou o mundo[27] de tal maneira que deu o seu Filho unigênito, para que todo aquele que nele crê não pereça, mas tenha a vida eterna". Jo. cap. 3 - vers. 16

Muitos são os argumentos das pessoas comuns , quando ao citar as escrituras sagradas dizem que é praticamente impossível entender o que está escrito. Falam geralmente das palavras utilizadas, dos termos quase sempre formais , das histórias surpreendentes e sobrenaturais descritas.

Porém quando estudamos a história da humanidade nos últimos 2 milênios e olhamos para tudo o que está acontecendo em nossos dias, acredito que a nossa atual realidade é muito mais surreal que qualquer narração bíblica. Pois temos que levar em conta que a Bíblia está descrevendo a experiência de convivência do homem com o sobrenatural de Deus , já a história do homem descreve as experiências naturais do homem com o próprio homem.

Atualmente podemos conviver com uma grande maioria de pessoas que passa uma vida inteira em um mundo totalmente alheio ao que está se passando ao seu redor. Pessoas sem a mínima noção de civilidade , coletividade , comunidade , amor ao próximo, respeito , integridade , dignidade , compreensão , compaixão. Pessoas que vivem longe da realidade ("da real") , incapazes de identificar as necessidades básicas até mesmo dentro de sua própria família.

Todas os conflitos e tensões criados pelo homem ao passar dos séculos , está ligada a falta de alguma das atitudes acima descritas, sejam estes conflitos familiares , locais , regionais , nacionais ou globais. Todo conflito ou tensão gerada , em qualquer âmbito que olhamos , sempre trará um desdobramento que levará a um desfecho indesejável. Quanto maior a tensão , maior o desdobramento e a consequência.

É essencial que todo o julgamento de opinião , seja precedido pelo avaliação do critério do bom senso e justiça. Quando passamos a filtrar o mundo através das lentes das escrituras sagradas, conseguimos entender o que Deus está compartilhando conosco.

Conseguimos utilizar as descrições que a principio parecem tão formais , como espelhos refletindo a verdadeira condição do homem , que na sua essência , continua o mesmo , exatamente como a 5.000 anos atrás. Homem que em sua carência íntima , ambiciona o amor , a proteção , a compreensão , o perdão. Todas estas carências básicas do ser humano são supridas pela benignidade e amor incondicional de Deus . Amor demonstrado através do sacrifício salvífico de seu Filho Jesus , que possibilitou nos alcançar e resgatar.

[27]**Mundo** – Ver na página 95.

In (ter) dependência...

**"E andarei em liberdade[28], pois busquei os teus preceitos".
Salmos 119:45**

Caminhamos firmes e resolutos a busca da tão sonhada independência . É a nossa luta diária , é nosso desejo maior ,é o nosso alvo principal. Quando traçamos um plano para nosso futuro, lá na frente , o que almejamos é ter a nossa independência conquistada , pois queremos garantir a nós e a nossa família a liberdade de não "dependermos" de ninguém e nem de nada , ter nossos desejos satisfeitos de forma independente.

Raciocínio lógico , verdadeiro , porém não de todo acertado. Quando trabalhamos com este conceito , temos que identificar a existência de três lados: Dependência , Independência e Interdependência. Como seres relacionais que somos , buscamos sempre evoluir em nosso aprendizado mental , intelectual , cultural , relacional e espiritual , para desta forma nos libertarmos da dependência que nos prende em nossos passos iniciais como seres humanos.

É partir deste ponto que se cria a firme decisão pela busca da independência , apesar de deixarmos de lado um dos aspectos que é essencial neste crescimento. Esquecemos que não vivemos sozinhos , não estamos sozinhos , não crescemos sozinhos , e certamente não estaremos sozinhos na eternidade.

Sob o ponto de vista relacional humano , o que rege nossas vidas é a interdependência. Não conseguiremos ter   pleno êxito em nossos projetos , se não através dela. Esta troca é o fundamento das relações horizontais . Sob o ponto de vista espiritual teremos um somatória das 03 formas , que são : 1) Dependência divina , total e completa da vontade de Deus ; 2) Independência humana , para com entendimento da vontade de Deus , fugir das armadilhas que querem nos prender ; 3) Interdependência íntima de relacionamento com Deus , pois foi para isto que Ele nos criou. É a afirmação plena e total do livre arbítrio dado a todos nós por Deus.

É o envolver-se e comprometer-se com as coisas mais importantes que são entregues em nossas mãos. É viver um relacionamento pleno , robusto e cheio da Graça do Senhor.

[28]**Liberdade** – Ver na página 9.

DIA 29

Um longo dia...

"Agora, pois, se tenho achado graça[29] aos teus olhos, rogo-te que agora me faças saber o teu caminho, e conhecer-te-ei, para que ache graça aos teus olhos; e atenta que esta nação é o teu povo". Êxodo cap. 33 - vers. 13

Após um longo , extenuante e produtivo dia de trabalho , o que tem a se descortinar a nossa frente é a imensidão da obra Criada por Aquele que governa todo o Universo. Até aonde alcançar a nossa limitada visão , estaremos enxergando uma infinidade de milagres feitos por Deus.

E diante desta constatação conseguimos ter ciência, da nossa insignificância em relação a tudo isto. Porém não nos comportamos desta forma , temos sempre a tendência de nos supervalorizar , de nos colocar em um patamar de valores fora da realidade que nos cerca. Não conseguimos nos inserir apenas como "parte" desta imensa Criação , insistimos em querer ser o "todo".

Não se trata de uma cultura de auto depreciação, porém de uma busca da valorização do que realmente interessa , daquilo que importa para Deus e para nós como seus filhos. Trata-se de descartar aquilo que é supérfluo e frívolo. Deixar as pequenas coisas de lado e se focar nas grandes e decisivas coisas.

Deixar de lado o material e se preocupar com o espiritual. Deixar de lado as coisas e se preocupar com as pessoas. Deixar de lado o virtual e buscar o palpável , o tátil. Exercitar todos os sentidos que possuímos : Visão , Olfato , Tato , Fala , Audição , de forma viva e verdadeira.

Buscar experiências que possam ser inesquecíveis e marcantes. Aquelas que estarão na nossa memória para sempre , de forma indelével , que nunca serão apagadas , que farão toda a diferença para a nossa vida. E estas experiências só serão vividas do lado de fora , quando estivermos de frente a este mundo maravilhoso Criado pelo nosso Deus Supremo , usufruindo da Graça redentora do Senhor.

[29]**Graça** – Ver na página 96.

Semear-Atividade em extinção

"E outra caiu em boa terra e deu fruto: um, a cem, outro, a sessenta, e outro, a trinta". Mt cap. 13 - vers. 8

Em tempos de modificações genéticas , que visam na maioria das vezes garantir o monopólio financeiro sobre uma dádiva que recebemos de Deus , através da abundância da diversidade vegetal, ter o cuidado de separar as sementes de frutos e vegetais para realizar o plantio , esta cada vez mais fora das nossas rotinas.

Lembro-me do tempo de infância. Praticamente todos nós , tivemos a oportunidade de fazer uma experiência escolar com algum tipo de planta. Separar um pequeno copo , por um punhado de terra e depois cuidadosamente plantar uma semente. À partir daí vinha a segunda parte da experiência , que dependia de regar este copinho , até que surgisse o primeiro broto.

Uma alegria muito grande toma conta da criança, pois consegue compreender de forma clara o início do ciclo da vida. Ainda ontem pude ver isto acontecer com meu netinho. O processo de semear está ligado a vida no campo e quase sempre como atividade econômica. A cultura de subsistência está cada vez mais escassa , mesmo porque o avanço das cidades em direção as áreas rurais , fez com o valor da terra se torna-se um bem a ser negociado , poucos ainda mantém espaços para manter pequenas hortas e pomares.

Todo agricultor tem o conhecimento do que está plantando , qual solo é melhor adaptado a cada espécie , como deverá ser o cuidado durante o processo de crescimento , qual o tempo correto para irrigação , poda e adubação , e principalmente quando está pronta para a colheita. Agindo desta forma ele estará garantindo o seu retorno e uma boa safra.

Na vida espiritual , quando falamos em semear temos que agir com o mesmo cuidado , a partir do conhecimento do que estamos semeando , de identificar qual a melhor forma de semear , fazendo o acompanhamento diário para se necessário intervir fazendo as correções , para aí então , sermos testemunhas da colheita abundante que estas sementes podem dar.

Vamos destacar o texto em Mateus cap. 13 - vers 3 a 9 . A parábola do semeador ilustra as diferenças na semeadura. Sementes lançadas de forma aleatória , sem cuidado , sem atenção, sem dedicação são facilmente desperdiçadas , para nada se aproveitam. Agora as que são semeadas com todo cuidado , com sabedoria , em boa terra, lograrão resultados extraordinários.

Não canse e nem desista de **semear**[30] , e muito menos se preocupe em realizar a colheita , pois a palavra nos diz que *"Uns semeiam e outros colhem"* (Jo cap.4 - vers. 36 e 37). Portanto busque apenas semear e somar , e fazer parte deste "time".

[30]**Semear** – Ver na página 97.

30 dias de vida

"Digo-lhe a verdade: Ninguém pode ver o Reino de Deus , se não nascer[31] de novo" João cap 3 vers 3

Nesta passagem vemos Jesus ensinando um velho e sábio fariseu chamado Nicodemos. Apesar de todo o conhecimento que possuía, Nicodemos não conseguia captar a profundidade das palavras de Jesus. Não conseguia entender de que forma alguém poderia "nascer de novo" , sendo já uma pessoa de idade avançada. Na sequencia de suas explicações Jesus mostra a diferença entre as coisas terrenas e as coisas celestiais , entre as coisas naturais e espirituais. A analogia que ele faz a respeito do vento é tremenda: *"O vento sopra onde quer. Você o escuta, mas não pode dizer de onde vem nem para onde vai. Assim acontece com todos os nascidos do Espírito"* (João cap. 3 vers.8). Jesus faz mais uma analogia: *"Nascer da água e do espírito"* , deixando claro que somente desta forma teremos acesso ao Reino de Deus. Jesus está falando muito além do processo do batismo nas águas , também dele , porém muito mais profundo , mais intenso , mais verdadeiro. Jesus está nos despertando a viver em uma dimensão sobrenatural , que é a dimensão das suas maravilhas. Viver a verdade de Jesus não está na dimensão natural ou terrena , está na dimensão celestial , espiritual , sobrenatural.

Conforme nos foi ensinado , quando nos submetemos ao batismo das águas , morremos para o mundo através do perdão de nossos pecados , ao sermos lavados pelas águas. Nascemos de novo para uma nova vida , plena e cheia da Graça do Senhor Jesus. Lá se vão mais de 20 anos , em que tive está gloriosa , impactante e inesquecível experiência. O início de uma nova etapa , o começo de uma nova parceria , a responsabilidade de receber uma nova identidade , o desafio de manter-se firme em uma nova direção. Porém desafios nos são dados conforme podemos suportar , pois estamos amparados por Aquele que venceu o mundo.

O texto contido no livro de Tiago cap. 4 vers. 14 , sempre me mostrou uma grande e inquestionável verdade para nossas vidas , e que diz: *"Vocês nem sabem o que lhes acontecerá amanhã! Que é a sua vida? Vocês são como a neblina que aparece por um pouco de tempo e depois se dissipa".* Como a neblina , efêmera e temporária. Assim é a nossa vida. A exatos 30 dias atrás , vivi está experiência. Em um momento estava em casa , e no outro momento seguinte estava literalmente nas mãos de Deus. No dia 18 de agosto de 2021 me submeti a uma intervenção cirúrgica de reconstrução cardíaca (02 safenas e 01 mamária) pós infarto. Na noite anterior em que aguardava ir para o centro cirúrgico , tive oportunidade de viver uma experiência profunda com Deus , onde me coloquei inteiramente nas suas mãos , e me dispus a aceitar a sua vontade , porque creio na soberania da vontade de Deus em nossas vidas. Abri o meu coração no sentido que desejava ser curado , porém , que a Sua vontade deveria ser feita e que estava pronto para recebe-la. No dia 18 o meu coração foi parado , fiquei ligado a aparelhos , e por algumas horas fiquei nas mãos de Deus e dos homens que capacitados por Ele , literalmente me reconstruíram.

Para mim foi um novo nascimento , possuo agora uma nova data para comemorar. Aqui em casa teremos um aniversário duplo a comemorar (minha filha Gisele faz aniversário no dia 18) . Um nascimento talvez mais identificado com aquele descrito por Jesus a Nicodemos. Um novo nascimento mais intenso, mais profundo , mais verdadeiro. Com identificação e responsabilidade cristã redobrada , pois traz junto com ela uma obrigação de fazer valer a pena tê-la recebido. Recebi uma porção da Graça incondicional do Senhor.

Como cristão desejo que a mesma Graça que obtive seja estendida e recebida por todos os que me cercam , sejam eles familiares , amigos , irmãos de fé ou mesmo pessoas que teremos contato em apenas uma ocasião. Porém este desejo é muito pequeno em relação a realidade em que estamos vivendo. Este desejo é muito pequeno em relação a crise de fé e esperança em que estamos vivendo. Este desejo é muito pequeno em relação ao tamanho das necessidades espirituais e afetivas em que as pessoas de nosso tempo estão vivendo. Cabe a cada um de nós que recebemos esta Graça incondicional de Deus , faça a sua parte. Refletindo , impulsionando , proclamando , demonstrando , auxiliando , ensinando , construindo , intercedendo , apoiando.

[31] **Nascer** – Ver na página 97.

Dia 1 – O melhor presente é o Presente

Post 07/11/2021 - site www.impassivelimpossivel.com.br.

Textos utilizados: Lamentações cap. 3 – vers. 22 e 23

Atos cap. 20 – vers. 35

[1] **Misericórdia-** Bondade , benignidade , fidelidade , ser bom , ser gentil , mostrar bondade.

Raiz grega = dox

Raiz aramaica – bhyesda (Casa da água que flue)

Concordâncias bíblicas: Js 2:14 / Ex 20: 6 / Nm14: 19 / Sl. 4:1 / Mt 5:7 / Tg 2 : 13

Dia 2 – Sede meus imitadores

Post 23/09/2021 - site www.impassivelimpossivel.com.br

Textos utilizados : 1Corintios cap. 11 – vers. 1

Atos. Cap. 9 – vers. 17 e 18

[2]**Cristão** – Seguidor de Cristo

Raiz grega – Xristianov

Raiz grega – Xristo = Cristo = Unigido

Concordância bíblica : At. 11:26

Dia 3 – Vamos a Beréia

Post 10/06/2020 – site www.impassivelimpossivel.com.br

Textos utilizados : Atos cap. 17 – vers. 11

Atos cap 17 – vers. 6

[3]**Alvoroçado :** Raiz grega : anastatow : agitar, excitar, perturbar ,

Raiz grega : Anisthmi : fazer levantar, erguer-se , levantar-se do repouso , levantar-se dentre os mortos erguer-se, fazer nascer, fazer aparecer, mostrar

Concordância bíblica : Mt 21:10

Dia 4 – Coisas maiores

Post 02/11/2021 - site www.impassivelimpossivel.com.br.

Textos utilizados: João cap. 14 – vers. 12

João cap.14 - vers. 16

[4]**Auxiliador** – Raiz grega : paraklhtov

chamado , convocado a estar do lado de alguém, esp. convocado a ajudar alguém , do Santo Espírito, destinado a tomar o lugar de Cristo com os apóstolos (depois de sua ascensão ao Pai), a conduzi-los a um conhecimento mais profundo da verdade evangélica, a dar-lhes a força divina necessária para capacitá-los a sofrer tentações e perseguições como representantes do reino divino

Concordância bíblica : Jo 14:26

Dia 5 – O (sub) consciente

Post 25/11/2021 - site www.impassivelimpossivel.com.br

Textos utilizados : I Samuel cap. 16 – vers. 7

Romanos cap. 12 – vers. 2

Salmos 139 – vers. 7

[5]**Aparência** – Raiz hebraico - harm

vista, fenômeno, aspecto, aparência, visão , o que é visto

Raiz hebraico – har - ver, examinar, inspecionar, perceber, considerar

Concordância bíblica : I Sm 9:2

Dia 6 – A maldição de Saul

Post 28/05/2020 - site www.impassivelimpossivel.com.br

Textos utilizados : I Samuel cap. 8 – vers 11 à 19

I Samuel cap. 10 – vers. 1

[6]**Ungiu** - Pôr azeite na cabeça de uma pessoa. Profetas , sacerdotes e reis eram ungidos. Tanto "o Cristo" (grego) como "o Messias" (hebraico) querem dizer "o Ungido",

Concordância bíblica : IRs 19:16 / Ex 30:30 / I Sm 16:13

Dia 7 – Caminhar , mesmo sozinho

Post 21/11/2016 - site www.impassivelimpossivel.blogspotcom

Textos utilizados : João cap. 19 – vers. 17

[7]**Caminhar** –Raiz grego - peripatew

Caminhar ,   fazer o próprio caminho, progredir; fazer bom uso das oportunidades , viver , regular a própria vida , conduzir a si mesmo, comportar-se , conduzir-se pela vida

Concordância bíblica – Mt 5:41

Dia 8 – Mentira sempre será mentira

Post 08/06/2020 - site www.impassivelimpossivel.com.br

Textos utilizados : Salmos 40 – vers. 4

[8]**Mentira** – Raiz hebraico – bzk - mentira, inverdade, falsidade, coisa enganosa

Concordância bíblica: Sl5:6 / Pv 13:5 / Pv 20:17 / Jo 8:44

Dia 9 – Viver de verdade , na verdade

Post 05/12/2016-site www.impassivelimpossivel.blogspotcom

Textos utilizados : Marcos cap. 8 – vers. 34 a 37

[9]**Alma** – Raiz grega - quch - respiração , fôlego da vida , força vital que anima o corpo e é reconhecida pela respiração , o lugar dos sentimentos, desejos, afeições, aversões , A alma considerada como um ser moral designado para vida eterna

Concordância bíblica : Mt 10: 28 / Gn 42:21 / Gn 2:7

Dia 10 – Síndrome de Roboão

Post 31/05/2020 - site www.impassivelimpossivel.com.br

Textos utilizados : I Reis cap. 12 – vers. 11

[10]**Jugo** – Raiz hebraico - le - lle , agir severamente, tratar com severidade, fazer alguém de tolo , Peça de madeira que se prende com correias ao pescoço de animais de carga, para que assim possam puxar uma carroça ou um arado , Em sentido figurado: domínio, opressão, sofrimento , obediência, aliança, trabalho.

Concordância bíblica : Nm 19.2; 1Sm 6.7, Gn 27.40 ; Jr

28.2 ; Gl 5.1 ; Lm 3.27 ; Mt 11.29-30 ; 2Co 6.14 ; Fp 4.3.

Dia 11 – Ser cristão

Post 11/01/2018 - site www.impassivelimpossivel.blogspotcom

Textos utilizados : Atos cap. 11 – vers. 19 à 26

[11]**Discipulos** – Raiz grego - mayhthv , manyanw - aprendiz, pupilo, aluno, discípulo , aprender, ser avaliado , aumentar o conhecimento próprio, cresçer em conhecimento , ouvir, estar informado, aprender pelo uso e prática.

Concordância bíblica : Mt 10:1 / At 6:1

Dia 12 – Jesus e a nossa humanidade

Post 06/01/2018 - site www.impassivelimpossivel.blogspotcom

Textos utilizados : João cap. 20 – vers. 26 a 29

[12]**Crente** – Raiz grego – pistov , peiyw - verdadeiro, fiel , de pessoas que mostram-se fiéis na transação de negócios, na execução de comandos, ou no desempenho de obrigações oficiais , algúem que manteve a fé com a qual se comprometeu, digno de confiança , aquilo que em que se pode confiar . persuadido facilmente , que crê, que confia , confiar, ter confiança, estar confiante no NT, alguém que confia nas promessas de Deus , alguém que está convencido de que Jesus ressuscitou dos mortos , alguém que se convenceu de que Jesus é o Messias e autor da salvação.

Concordância bíblica : At 16.1 , Gl 3.8-9.

Dia 13 – O retorno ao Pai

Post 22/10/2017 - site www.impassivelimpossivel.blogspotcom

Textos utilizados : Fipipenses. Cap. 1 – vers. 21 /   Romanos cap.7 – vers. 15 / Galatas cap. 5 – vers. 17

[13] **Carne** –Raiz Grego - sarx - carne (substância terna do corpo

vivo, que cobre os ossos e é permeada com sangue) tanto de seres humanos como de animais , corpo de uma pessoa ; usado da origem natural ou física, geração ou afinidade ; nascido por geração natural ; natureza sensual do homem, "a natureza animal" ; sem nenhuma sugestão de depravação ; natureza animal com desejo ardente que incita a pecar ; natureza física das pessoas, sujeita ao sofrimento ; a carne, denotando simplesmente a natureza

humana, a natureza terrena dos seres humanos separada da

influência divina, e por esta razão inclinada ao pecado e oposta a Deus.

Concordância bíblica :   Gn 2.21 /   Êx 4.7 /   Sl 78.39 /

Gl 5.19 /   Gl 6:8

Dia 14 – Casca ou armadura

Post 24/11/2021 - site www.impassivelimpossivel.com.br

Textos utilizados : Efésios cap. 6 – vers. 13 / João cap. 16 – vers. 33

[14]**Armadura** – Raiz grego panoplia - armadura inteira e completa , inclui escudo, espada, lança, capacete, grevas, e peitoral.

Concordância bíblica : Ef 6: 11

Dia 15 – No raso

Post 10/12/2016 - site www.impassivelimpossivel.blogspotcom

Textos utilizados : Ezequiel cap. 47 – vers. 12

[15]**Fruto**   –   Raiz hebraico - yrp - fruto ;   fruto, produto (do solo) ; fruto, descendência, filhos, geração (referindo-se ao útero) ; fruto (de ações) (fig.)

Concordância bíblica : At 14.17

Dia 16 – Busca da perfeição

Post 05/12/2016 - site www.impassivelimpossivel.blogspotcom

Textos utilizados : Mt cap. 5 – vers. 48

[16]**Perfeito** – Raiz grego - teleiov , telov - levado a seu fim, finalizado que não carece de nada necessário para estar completo ; perfeito ; aquilo que é perfeito ; integridade e virtude humana consumados de homens ; adulto, maturo, maior idade ; aquilo pelo qual algo é terminado, seu fim, resultado.

Concordância bíblica : Fp 3.12,15 / Jó 11.7 / Tg 3.2; / 1Jo 1.8

Dia 17 – Da suave dependência a brutal de independência

Post 19/06/2017 - site www.impassivelimpossivel.blogspotcom

Textos utilizados : Mateus cap. 11 – vers. 28 à 30 / I Corintios cap. 1 – 26 à 29

[17]**Humildade** – Raiz grego - tapeinov - que não se levanta muito do chão ;(metáf.)como uma condição, humilde, de grau baixo ; abatido pela tristeza, rebaixado, deprimido ; humilde de espírito, num mau sentido, que se comporta de forma humilhante, que se submete a servidão ; Sentimento que leva a pessoa a reconhecer suas próprias limitações; modéstia; ausência de orgulho.
Concordância bíblica : Pv 18.12 /   Fp 2.3.

Dia 18 – Não senhor . Não , Senhor ?
Post 16/11/2016 - site www.impassivelimpossivel.blogspotcom

Textos utilizados : Romanos cap. 8 – vers. 28

[18]**Chamados** – Raiz grego klhtov , klhsiv - chamado, convidado (para um banquete) ; convidado (por Deus na proclamação do Evangelho) a obter eterna salvação no reino por meio de Cristo ; chamado a (o desempenho de) algum ofício ; selecionado e designado divinamente ; convocação, ; do convite divino para abraçar a salvação de Deus.
Concordância bíblica – Mt 22:14

Dia 19 – Ampliar seus limites
Post 01/12/2016 - site www.impassivelimpossivel.blogspotcom
Textos utilizados : Isaias cap. 54 – vers. 2 / Deuteronômio cap. 34 – vers. 1 /
Oseias cap. 11 – vers. 4

[19]**Promessa** - Raiz grego - epaggelia , epaggellw - proclamação, anúncio ; o ato de prometer, uma promessa dada ou para ser dada ; bem ou bênção prometida ; anunciar que alguém está prestes a fazer ou fornecer algo ; prometer (por iniciativa própria) engajar voluntariamente ; uma arte,

expressar habilidade para alguma coisa ;   Ato de alguém obrigar-se a fazer ou dar alguma coisa   ;   A afirmação do envio, no futuro, de um Salvador e de bênçãos incontáveis.

Concordância bíblica : Gn 3.15 ; Gn 12.2,7; At 13.22-23 ; Ef 3.6 ; Rm 9.4 ; 2Co 1.18-20 ; 2Pe 1.4 ; Ne 5.13.

Dia 20 – Merecimento

Post 04/12/2016 - site www.impassivelimpossivel.blogspotcom

Textos utilizados : Mateus cap. 25 – vers. 21 / Mateus cap. 6 – vers. 33

[20]**Servo** -   Raiz grego - doulov - escravo, servo, homem de condição servil ; (metáf.) , alguém que se rende a vontade de outro; aqueles cujo serviço é aceito por Cristo para estender e avançar a sua causa entre os homens;   dedicado ao próximo, mesmo em detrimento dos próprios interesses ;   atendente

Concordância bíblica : Mt 25.14 ; Gn 9.25 ; Dn 3.26 ; Gl 1.10.

Dia 21 – Ousadia , em que sentido ?

Post 25/11/2016 - site www.impassivelimpossivel.blogspotcom

Textos utilizados : Atos cap 4 – vers. 31

[21]**Ousadia** – Raiz grego 3954 parrhsia - liberdade em falar, franqueza na fala ; abertamente, francamente, sem segredo ; sem ambiguidade ou circunlocução ; sem o uso de figuras e comparações ; confiança aberta e destemida, coragem entusiástica, audácia, segurança ; comportamento pelo qual alguém se faz conspícuo ou assegura publicidade ; coragem.

Concordância bíblica : 2Co 3.12

Dia 22 – Mais de Ti

Post 07/12/2016 - site www.impassivelimpossivel.blogspotcom

Textos utilizados : João cap. 14 – vers. 17

[22]**Verdade** – Raiz grego alhyeia - objetivamente que é verdade em qualquer assunto em consideração ;   verdadeiramente, em verdade, de acordo com a verdade ; de uma verdade, em realidade, de fato, certamente ; que é verdade em coisas relativas a Deus e aos deveres do ser humano, verdade moral e religiosa ; na maior extensão ; a verdadeira noção de Deus que é revelada \a razão humana sem sua intervenção sobrenatural ; a verdade tal como ensinada na religião cristã, com respeito a Deus e a execução de seus propósitos através de Cristo, e com respeito \aos deveres do homem, opondo-se igualmente \as superstições dos gentios e \as invenções dos judeus, e \as opiniões e preceitos de falsos mestres até mesmo entre cristãos;   subjetivamente   verdade como excelência pessoal ;   sinceridade de mente, livre de paixão, pretensão, simulação, falsidade, engano.

Concordância bíblica : Pv 12.1 7; Ef 4.25   ; Gn 24.27 ;   Sl 25.10   Jo 14.6 ; Mt 5.18}.

Dia 23 – Um Sopro

Post 29/11/2016 - site www.impassivelimpossivel.blogspotcom

Textos utilizados : Tiago cap. 4 – vers. 13 à 15

[23]**Vapor** – Raiz grego   atmiv , ahr – neblina ; de aemi (tomar fôlego inconscientemente, respirar; por analogia, soprar); o ar , particularmente a camada mais baixa e densa quando distinguida da mais alta e rarefeita ; região atmosférica ; Nuvem de cerração fina que se forma próxima do chão; nevoeiro

Concordância bíblica : Gn 2.6.

Dia 24 – Estou pronto

Post 24/10/2021 - site www.impassivelimpossivel.com.br

Textos utilizados : Filipenses cap. 1 – vers. 20 à 24 / Romanos cap. 12 – vers. 2 / Filipenses cap. 4 – vers. 12 e 13

[24]**Renovação** – Raiz grego anakainwsiv , anakainow - restauração, renovação, completa mudança para melhor ; fazer crescer, renovar, tornar novo ; nova força e vigor dado a alguém ; ser mudado para um novo tipo de vida oposto ao estado corrupto anterior.

Concordância bíblica : Tt 3.5 ; Mt 19.28.

Dia 25 – A fixação em julgar

Post 29/05/2017 - site www.impassivelimpossivel.blogspotcom

Textos utilizados : Mateus cap. 7 – vers. 1 à 5 / Lucas cap. 6 – vers. 37 / Romanos cap. 14 – vers. 13   /   Romanos cap. 2 – vers. 1 à 3 / Tiago cap. 11 – vers. 12 / João cap. 8 – vers. 1 à 8

[25]**Juízo** – Raiz grego 2917 krima , krinw - decreto ; julgamento ; condenação do erro, decisão (seja severa ou branda) que alguém toma a respeito das faltas de outros ; (num sentido forense) sentença de um juiz , punição com a qual alguém é sentenciado , sentença condenatória, julgamento penal, sentença , um assunto a ser decidido judicialmente, ação judicial, um caso na corte ; separar, colocar separadamente, selecionar, escolher ; aprovar, estimar, preferir , ser de opinião, julgar, pensar , determinar, resolver, decretar , julgar , pronunciar uma opinião relativa ao certo e errado ; ser julgado, ; ser chamado \a julgamento para que o caso possa ser examinado e julgado ; julgar, sujeitar \a censura ; daqueles que atuam como juízes ou árbitros em assuntos da vida comum, ou emitem julgamento sobre as obras e palavras de outros ; reinar, governar / presidir com o poder de emitir decisões judiciais, porque julgar era a prerrogativa dos reis e governadores.

Concordância bíblica : Lc 6:37 / Rm 14:13   /   Rm 2:1-3 / Tg11:12 / Jo 8:1- 8

Dia 26 – A hipocrisia nossa de cada dia

Post 23/12/2017 - site www.impassivelimpossivel.blogspotcom

Textos utilizados : Mateus cap. 25 – vers. 32

[26]**Pastor** – Raiz grego poimhn- vaqueiro , esp. pastor ; na parábola, aquele a cujo cuidado e controle outros se submeteram e cujos preceitos eles seguem ; (metáf.) oficial que preside, gerente, diretor, de qualquer assembléia: descreve a Cristo, o Cabeça da igreja , dos supervisores das assembléias cristãs ; As tarefas do pastor no oriente próximo eram: - ficar atentos aos inimigos que tentavam atacar o rebanho - defender o rebanho dos agressores - curar a ovelha ferida e doente - achar e salvar a ovelha perdida ou presa em armadilha - amar o rebanho, compartilhando sua vida e desta forma ganhando a sua confiança; Durante a II Guerra Mundial, um pastor era um piloto que guiava outro piloto, cujo avião estava parcialmente danificado, de volta \a base ou porta-aviões, voando lado a lado para manter contato visual.

Concordância bíblica: Gn 13.7 / Jr 3.15 / Sl 23.1/Jo 10.11 Hb 13.17; 1Pe 5.2.

Dia 27 – O mundo. Alguém é capaz e entender

Post 09/02/2017 - site www.impassivelimpossivel.blogspotcom

Textos utilizados : João cap. 3 – vers. 16

[27]**Mundo** – Raiz grego kosmov - uma organização ou constituição apta e harmoniosa, ordem, governo ; ornamento, decoração, adorno, i.e., o arranjo das estrelas, 'as hostes celestiais' como o ornamento dos céus.; mundo, universo , o círculo da terra, os habitantes da terra, homens, a família humana ; a multidão incrédula; a massa inteira de homens alienados de Deus, e por isso hostil a causa de Cristo ; afazeres mundanos, conjunto das coisas terrenas ; totalidade dos bens terrestres, dotes, riquezas, vantagens, prazeres, etc, que apesar de vazios, frágeis e passageiros, provocam desejos, desencaminham de Deus e são obstáculos para a causa de Cristo ; qualquer conjunto ou coleção

geral de particulares de qualquer tipo ; os gentios em contraste com os judeus ;
dos crentes unicamente,

Concordância bíblica : Jo 1.29; Jo 3.16; Jo 3.17; Jo 6.33; Jo 12.47 1Co 4.9 ;
2Co 5.19 , Rm 11.12 .

Dia 28 – In (ter) dependência

Post 16/11/2016 - site www.impassivelimpossivel.blogspotcom

Textos utilizados : Salmos 119 – vers. 45

[28]**Liberdade** : Raiz hebraico bxr - amplo, largo , ser ou ficar amplo, ser ou
ficar grande ;   (Qal) ser largo, ser aumentado ;   Nifal) pastagem ampla ou
espaçosa (particípio) ; (Hifil) tornar amplo , alargar ; Faculdade de cada pessoa
pensar, decidir e agir por si, sem coerção ou constrangimento, dentro do limite
das leis estabelecidas. A liberdade tem três aspectos: a) Físico b) Espiritual: c)
Moral

Concordância bíblica: Lv 25.39 , Lv 25.8-17 , Is 61.1 , Lc 4.18 ,   At 26.18 ,
Jo 1.29.

Dia 29 – Um longo dia

Post 11/05/2017 - site www.impassivelimpossivel.blogspotcom

Textos utilizados : Exodo cap. 33 – vers. 33

[29]**Graça** – Raiz hebraico Nx , Nnx - favor, graça, ; elegância ; aceitação ; ser
gracioso, mostrar favor, ser misericordioso ; (Qal) mostrar favor, ser gracioso ;
(Nifal) ser piedoso ; (Piel) tornar gracioso, tornar favorável, ser gracioso ;
(Poel) dirigir favor a, ter misericórdia de ;   (Hofal) receber favor, receber
consideração ; (Hitpael) buscar favor, implorar favor ; O amor de Deus que
salva as pessoas e as conserva unidas com ele A soma das bênçãos que uma
pessoa, sem merecer, recebe de Deus; A influência sustentadora de Deus que
permite que a pessoa salva continue fiel e firme na fé

Concordância bíblica : Sl 147.7 ; Mt 11.25 , Gn 6.8 ; Lc 1.30 ; Lc 2.52 , Pv 31.30 ; Zc 12.10 ; Gn 29.15 ; Mt 10.8 ; Sl 90.17 ; Ef 2.5 ; Tt 2.11 ; 2Pe3.18 ;Sl 84.11 ; Rm 6.1 ; Ef 2.7 ; Rm 5.17 ; 2Co 12.9 ; Hb 12.28.

Dia 30 – Semear atividade em extinção

Post 20/11/2016 - site www.impassivelimpossivel.blogspotcom

Textos utilizados : João cap. 4 vers. 36 e 37 / Mateus cap. 13 – vers. 3 à 9.

[30]**Semear** – Raiz grego speirw - semear, espalhar, disseminar ; metáf. de dizeres proverbiais ; plantar semente.

Concordância bíblica : Sl 126.5 ; Mc 4.3

Dia Bônus – 30 dias de vida

Post 18/09/2021 - site www.impassivelimpossivel.com.br

Textos utilizados : João cap. 3 – vers. 3 / João cap. 3 – vers . 8 / Tiago cap. 4 – vers. 14

[31]**Nascer** – Raiz grego 1080 gennaw - de homens que geraram filhos ; ser nascido ; ser procriado ; de mulheres que dão \a luz a filhos

2) metáf. - gerar, fazer nascer ; na tradição judaica, de alguém que traz outros ao seu modo de vida, que converte alguém ; de Deus ao fazer Cristo seu filho ; de Deus ao transformar pessoas em seus filhos através da fé na obra de Cristo ; Mudança operada pelo Espírito Santo no coração de uma pessoa que, levada à fé salvadora,   abandona o pecado e passa a viver uma nova vida voltada para Deus e para o próximo.

Concordância bíblica : Jo 3.3-7 ; 1Jo 2.29 ; IJo 3.9 ; IJo 4.7.

Referências bibliográficas – Material de apoio

- GRKPOR – Léxico Grego de Strong (português)
2002/10/22

- HEBPOR – Léxico de Português Hebraico – 2002/10/22

- DBA – Dicionário da Bíblia Almeida – 2002/04/08

- LIBPOR – Índice de material em português – 2006/07/04

- TSKPOR – Concordância Exaustiva do Conhecimento
Bíblico

Versões utilizadas

- RC – Almeida Revista e Corrigida
- NKJV – New King James Version
- NTLH – Nova Tradução Linguagem de Hoje
- RA – Almeida Revista e Atualizada
- RV – Reina Valera
- TB – Tradução Brasileira
- BV – Bíblia Viva

Sobre o autor

Após exercer diversas funções nas áreas de ensino , orientação e discipulado no corpo ministerial da igreja , atendendo a grupos de casais , homens e jovens , o autor resolveu repartir sua vivência e experiência através de textos pontuais em um site próprio de opinião. Já se vão muitos anos em que este material é publicado. Agora uma pequena parte destes momentos de estudos e reflexão , foram compilados neste livro. A decisão de trazer a palavra escrita que está no mundo virtual para o mundo físico , através da impressão de um livro , deve-se a certeza da força e poder das palavras quando recebidas e acolhidas com sede de conhecimento.

" **E sabemos que todas *as coisas* contribuem juntamente para o bem daqueles que amam a Deus, daqueles que são chamados por *seu* decreto" Romanos cap. 8 – vers. 28.**